Dino Wanderley

Espiritualidade sem palco e sem púlpito

Labrador

© Dino Wanderley, 2023
Todos os direitos desta edição reservados à Editora Labrador.

Coordenação editorial Pamela Oliveira
Assistência editorial Leticia Oliveira, Jaqueline Corrêa
Projeto gráfico e diagramação Amanda Chagas
Capa Antônio Kehl, sobre adaptação de foto
de Obo Teng, da Pexels
Preparação de texto Vinícius E. Russi
Revisão Iracy Borges
Consultoria de Escrita Central de Escritores:
Rose Lira, Gabriella Maciel Ferreira, Jackeline
Amorim, Elis Alencar e Márcio Moreira

Dados Internacionais de Catalogação na Publicação (CIP)
Jéssica de Oliveira Molinari – CRB-8/9852

Wanderley, Dino
   Espiritualidade sem palco e sem púlpito.
São Paulo : Labrador, 2023.
128 p.

ISBN 978-65-5625-438-8

1. Espiritualidade 2. Vida cristã

23-4918   CDD 248.4

Índice para catálogo sistemático:
1. Espiritualidade

Labrador

Diretor-geral Daniel Pinsky
Rua Dr. José Elias, 520, sala 1
Alto da Lapa | 05083-030 | São Paulo | SP
contato@editoralabrador.com.br | (11) 3641-7446
editoralabrador.com.br

A reprodução de qualquer parte desta obra é ilegal e configura
uma apropriação indevida dos direitos intelectuais e patrimoniais
do autor. A editora não é responsável pelo conteúdo deste livro.
O autor conhece os fatos narrados, pelos quais é responsável,
assim como se responsabiliza pelos juízos emitidos.

Dedico esta obra a Deus, que vem me guiando desde a juventude a uma jornada sem palco e sem púlpito; e à minha amada família, com a qual vivi a maioria das experiências aqui relatadas.

"Suba o primeiro degrau com fé.
Não é necessário que você veja toda a escada.
Apenas dê o primeiro passo."

Martin Luther King Jr.

Agradeço a todos aqueles que fizeram parte de minha vida até o presente momento e à equipe da Central de Escritores, que tornou este sonho viável.

SUMÁRIO

Prefácio — 9

Apresentação — 11

PRÓLOGO | Uma pessoa comum, em meio ao cotidiano (in)comum — 13

SEM PALCO

CAPÍTULO 1 | Amor: sem palco, com abraço — 19

CAPÍTULO 2 | Conversão: sem holofotes, com livros — 33

CAPÍTULO 3 | Vida: sem ponto final, com ponto e vírgula — 47

SEM PÚLPITO

CAPÍTULO 4 | Sonhos: sem trombetas, com trabalho — 65

CAPÍTULO 5 | Encontro: sem ninho, com asas — 79

CAPÍTULO 6 | Ministério: sem embates, com justiça — 97

EPÍLOGO | Um relacionamento incomum, em meio ao cotidiano comum — 123

PREFÁCIO

Dino é um amigo que tenho desde a juventude e que em diferentes momentos vivemos mais perto e "menos perto". A distância foi causada por uma fase em que não frequentávamos nem servíamos na mesma igreja. Posso dizer da alegria que guardo de ter visto Dino voltar para a nossa igreja (Anglicana) no dia de minha ordenação diaconal, depois de ter passado alguns anos congregando em outra igreja cristã. Depois de muito tempo, Dino se afastou mais uma vez de nossos "apriscos", mas novamente me alegro em dizer que, ao ser o tradutor do pregador de minha sagração episcopal, convidado por mim mesmo, ele decidiu voltar para nossa igreja novamente. Através dessas observações da história de nossas vidas, você, leitor, pode perceber que existem fortes laços que nos unem em nossa amizade e um ainda maior que nos fez irmãos na fé que é Jesus Cristo.

O livro que você tem em mãos é uma coletânea de interessantes histórias. Desse modo as classifico por serem fatos e, assim dizendo, são marcas verdadeiras de uma existência. Eu diria que é praticamente uma biografia, mas que, por ser Dino ainda muito jovem, estes capítulos ainda não terminaram de ser escritos. Estas histórias são narradas com uma autenticidade impressionante e, da mesma forma, com a leveza necessária de quem escreve com cuidado para não ser demasiadamente parcial ou injusto consigo mesmo.

Muitos dos episódios aqui narrados eu mesmo presenciei e posso atestar sua veracidade que, devo considerar, precisou de uma boa memória, o que Dino parece ter, e a vontade que ele deixa claro de registrar sua história de vida para que permaneça como legado para outros. Tanto como amigo, colega e líder espiritual de Dino, fico feliz por ele ter empreendido essa jornada literária em meio a sua rotina de vida.

Os leitores destas páginas poderão se deleitar nas narrativas das histórias de vida de Dino e, quem sabe, aprender com ele algumas importantes lições, notadamente a disciplina e a perseverança, que marcam sua caminhada até aqui. Foi muito agradável ler estas páginas e assim espero que o mesmo sentimento esteja com você quando chegar na última página deste livro.

Miguel Uchoa
Bispo anglicano (autor de *As quatro faces do amor,* dentre outros*)*
Junho, 2023

APRESENTAÇÃO

A vida reserva a cada um de nós uma história, muitas vezes fruto das nossas escolhas, mas também consequência de muitas variáveis que não podemos controlar...

Tive o privilégio de conviver com Dino por mais de duas décadas, e a sua sensibilidade, e muitas vezes pureza, o coloca em contraste com as estruturas quase sempre perversas das instituições. Dino é uma das pessoas mais íntegras e verdadeiras que tive a oportunidade de conhecer. Ao adentrar nas páginas deste livro, somos imediatamente envolvidos por seu corajoso testemunho, que não teme expor os dilemas mais profundos de sua própria existência. *Espiritualidade sem Palco e sem Púlpito* é um mergulho nas complexidades da vida humana, abordando questões que desafiam a cultura, a religiosidade e comportamentos por conveniência.

Somos convidados a uma jornada íntima através de suas palavras, que proporcionam uma oportunidade única para nos identificarmos com seus anseios, medos e esperanças. Em cada linha, ele desvenda fragmentos de sua alma, revelando vulnerabilidades e compartilhando experiências profundas que certamente tocarão muitos corações.

Este livro trata dos dilemas que todos nós enfrentamos em nossa caminhada. Desde a limitação de recursos até as dificuldades de comunicação e tomada de decisões em momentos cruciais, Dino nos leva a refletir sobre a importância de cuidarmos uns dos outros durante os processos em todas as fases da nossa existência terrena. Através de sua própria jornada, ele nos inspira a estabelecer uma comunicação integrada, a sermos autênticos em nossas palavras e a compreender as renúncias, descontinuações e recusas ao tratamento que podem surgir nesse contexto.

Nesta leitura envolvente, somos convidados a explorar a profundidade da experiência humana e a encontrar cura para nossas próprias feridas. Dino não apenas rasga seu coração, mas também nos oferece a oportunidade de curar as nossas próprias dores e desafios. Ele nos encoraja a enfrentar os bastidores de nossas vidas, onde muitas vezes escondemos nossas lutas mais intensas, e a nos permitir brilhar no palco da vida.

Com uma narrativa sólida e uma escrita que transborda emoção, Dino nos leva a refletir sobre a preciosidade de cada momento vivenciado. Ele nos recorda que o passado já foi escrito e o futuro é incerto, mas o presente é o lugar onde podemos verdadeiramente viver. Ao longo das linhas deste livro, encontramos inspiração para deixar de lado mágoas e brigas, buscar a felicidade e encontrar a simplicidade na vida.

Assim como cada página de um livro faz parte da narrativa, cada experiência que vivemos molda quem somos. Dino nos convida a abraçar nossas próprias histórias, reconhecendo que cada página, mesmo aquelas que desejamos apagar, contribui para a pessoa que nos tornamos. Ele nos encoraja a refletir sobre nossos erros e frustrações, reconhecendo que são justamente essas experiências que nos moldam e nos possibilitam crescer.

Te convido a mergulhar nessa jornada, livrando-se de preconceitos e julgamentos e abrindo a possibilidade de enxergar as entrelinhas de sua própria vida e desfrutar da cura na alma.

Geison Vasconcellos

PRÓLOGO

UMA PESSOA COMUM, EM MEIO AO COTIDIANO (IN)COMUM

Acredito que todas as coisas têm um porquê. Comecei a compartilhar minha história com pessoas próximas a mim e percebi que muitas se emocionavam e se sentiam tocadas por meu testemunho. Quando me aposentei e, consequentemente, passei a ter mais tempo para pensar no que vivi, cheguei à conclusão de que havia muito em minha trajetória que poderia ajudar o próximo.

No começo, eu me emocionava toda vez que compartilhava a história de minha jornada. Porém, depois de repeti-la diversas vezes para aqueles ao meu redor, ou mesmo nas igrejas, percebi que fui perdendo aquele sentimento. A expectativa é que, ao contar a experiência em um livro, eu possa retomar o sentimento, com todos os seus detalhes e pormenores.

∴

A vida não me permite mais ser uma pessoa impulsiva. Hoje, eu penso muito antes de falar ou fazer algo. Eternizar minhas palavras em uma obra foi uma ideia concebida e repensada muitas vezes antes de tomar forma. Não foi uma epifania que me motivou a dividir minha vida nestas páginas que são agora folheadas, mas a inspiração de Cristo em mim e a vontade de ajudar quem quer que as leia.

Ainda que eu seja mais "experiente", digamos assim, sem a ingenuidade de uma criança, quando olho para trás, enxergo tudo o que me trouxe até aqui como algo maravilhoso. Os "causos" juvenis podem não ter agora a mesma importância, mas trouxeram marcas que viveram em mim e moldaram o homem que sou hoje. Até porque — eu não sei se você já percebeu — nunca saímos os mesmos de uma experiência.

Enquanto escrevo estas primeiras linhas e reorganizo o projeto, percebo que a intuição passou a dar lugar ao coração em minha vida. Se eu puder parafrasear Paulo, com uma veia um pouco mais cômica, diria que já "não sou eu quem escrevo, mas Aquele que vive em mim".

Eu tinha tudo para não dar certo, e a vida provou o contrário. Fiz com excelência todas as coisas que me propus a fazer, e, por isso, consegui ultrapassar os obstáculos em meu caminho e vencer. Inclusive, superar uma grande crise pessoal que tive durante a passagem para a idade adulta, a crise da adolescência, chamemos assim, para a qual eu não estava preparado.

É possível que não faça tanto sentido agora, e longe de mim ser presunçoso, mas tenho certeza de que ler minhas vivências será transformador para você, leitor. Pois imagino que a história de cada etapa da vida, com seus desafios e suas superações, possa ajudar outros em suas próprias questões. Afinal, somos todos humanos.

∴

Comecei a frequentar a igreja com doze anos, mas me considero cristão desde meus dezoito, quando realmente me converti. Sempre pedi muito a Deus para conseguir ser sal e luz da terra sendo realmente quem sou. Esse é meu maior combate no meio gospel, pois entendo que não há divisão entre vida espiritual e secular. Talvez não seja tão falado por aí, mas a nossa vida é integral. Temos o mesmo chamado refletindo em todas as áreas de nossa existência.

Eu já li, estudei sobre várias temáticas e participei de várias experiências ricas em aprendizado. Sou pastor ordenado desde 2007, mas, com bom humor, não se encante, eu sou o pior pastor que se pode imaginar. Meu senso crítico me faz muito questionador, e por vezes essa postura é inconveniente; por exemplo, tenho receio de instituições que acreditam ser melhores que outras e disseminam esse discurso. Para mim, Jesus não está nisso.

A nossa espiritualidade tem conexão com nosso propósito. Entendo que o cristianismo está no dia a dia, em nosso "ser" humano, no sentido mais literal da palavra. O que fazemos por trás das cortinas e como escolhemos viver junto aos que estão próximos a nós é que nos define.

É necessário ser a diferença, sendo quem se é.

Não é preciso que todos vejam nossas ações... o necessário reside apenas na busca por ajudar quem está perto e por não julgar as pessoas. Simples assim.

O que aconteceu comigo foi importante porque não me permitiu pensar em mim mesmo mais do que deveria. Posso soar um pouco óbvio, mas esta é a verdade absoluta: o evangelho não é nem nunca foi sobre mim, nem sobre você.

Precisamos descer do palco para sermos cristãos...

SEM PALCO

CAPÍTULO 1

AMOR: SEM PALCO, COM ABRAÇO

Espaços amorosos existem aqui, ali e além.

"Eu estou aqui, eu não posso fazer de outro modo. Que Deus me ajude. Amém!"

Martinho Lutero

Meus pais se casaram em 1965, e eu nasci em janeiro de 1966. Como pode perceber, pouco tempo se passou entre um evento e outro. Não fui planejado, cheguei quando tinha que chegar.

Meu pai estava no quinto ano de medicina, e minha mãe era uma estudante de dezenove anos. Ainda que soubessem o que faziam, não esperavam que um registro num hotel em uma noite fosse resultar em um bebê chorando nove meses depois.

Meu pai ainda não trabalhava na área da saúde propriamente dita, pois seu ambiente laboral era um escritório. Já minha mãe nem queria engravidar — pelo contrário, era muito namoradeira. Ainda assim, quando conheceu meu pai, viu nele a chance de se libertar e fugir da sua criação rígida, que incluía até mesmo um período traumático em que foi para um internato.

Como a descoberta da gravidez foi algo desordenado, eles não tinham condições de morar em um local apropriado. Por isso, no início, viviam em uma pensão. Depois, foram morar na casa do meu avô paterno, onde eu nasci.

Essa foi uma experiência que me marcou bastante. Como meus pais eram muito jovens, o auxílio dos meus avós foi essencial. O vovô Jorge foi como um segundo pai para mim, um padrinho, um grande exemplo e porto seguro.

Quando eu tinha por volta dos três anos, em 1969, minha primeira irmã nasceu, quase nas mesmas condições e sem planejamento. Por fim, em 1974, nasceu minha segunda irmã, aquela que eu acreditava ser a filha favorita de meu pai, de quem sempre busquei muito afeto.

Apenas já mais velho, com a ajuda de um terapeuta, passei a entender que, na verdade, a criação da caçula foi diferente da minha porque o período em que ela nasceu era outro. Nesse ano, meu pai já era médico e tinha sua independência financeira, possuía uma certa experiência na educação de filhos e, por isso, conseguiu se dedicar a ela de forma diferenciada.

Quando eu tinha por volta dos cinco anos, aquele a quem chamava de progenitor decidiu cursar uma especialização em São Paulo. A família inteira, minha mãe, meu pai, minhas irmãs e eu nos mudamos. Em meu primeiro ano na terra da garoa, vivia doente e tomando bastante antibiótico. Com certeza, isso foi resultado do meu psicológico. Eu detestava morar lá e tinha muita saudade dos meus avós.

Tanto que, em 1972, retornamos para Recife durante algum tempo para que eu operasse as amídalas. O meu pesadelo, no entanto, (re)iniciou-se quando precisamos voltar para São Paulo. Soube de supetão quando um tio, irmão de meu pai, comentou que voltaríamos logo e já estava tudo pronto. E, mais uma vez, eu não tivera voz ou opção.

Hoje, com a cabeça de adulto, tendo a própria família e anos de terapia nas costas, posso compreender, ainda que não concorde: meus pais continuaram os planos que tinham quando solteiros, mesmo depois de terem tido filhos. A gente só teve que se encaixar no que eles já queriam antes.

Depois do segundo ano distante, meu pai terminou a especialização e resolveu retornar a Recife. Voltamos todos. Anos depois, com a separação dos meus pais, descobri que minha mãe queria ter ficado em São Paulo. Meu pai explicou que precisara convencê-la a voltar com a família para o Nordeste.

Tem coisas que nos deixam marcas por muito tempo. Mesmo depois de adulto, passei quarenta anos sem voltar a São Paulo, tamanho o trauma que vivi no tempo em que morei lá. Passei décadas sem querer pisar na cidade, que não tinha culpa nenhuma pelo que aconteceu comigo naquela época.

Sabe quando somos invadidos por uma chuva de lembranças ruins? Essa era a garoa que São Paulo me trazia. Precisei ressignificar aquele período em mim para conseguir visitar a cidade livre do passado.

⁂

É sempre delicado falar sobre marcas da alma. Para que possamos viver bem, com e apesar delas, precisamos aprender a superá-las. Para isso, é essencial revisitarmos espaços internos sem sentir mais dor.

Aprendi a falar sobre o abuso que sofri na infância porque entendo que é um testemunho de vida, agora que foi superado. Também enxergo a partilha como uma maneira de inspirar o próximo. Uma planta pode viver dificuldades e ainda assim florescer.

Antes de mais nada, deixo uma dica valiosa: sempre supervisione seus filhos e deixe-os brincar com crianças da mesma idade, pois muito possivelmente estarão vivendo a mesma fase da vida, sem grandes discrepâncias.

Enfim, o fato se deu quando eu tinha oito anos, e o vizinho, de dezesseis, pedia que eu manipulasse seus órgãos genitais. Aconteceu algumas vezes. Eu me sentia extremamente culpado depois e vivia situações traumáticas por causa disso. Na época, só tive coragem de contar para minha mãe e apenas quando mudamos de casa. Ela ficou muito chateada com o que tinha acontecido e conversou com meu pai, mas nada foi feito.

Hoje sei o quanto é difícil também para a família. Costumo pensar que os pais sempre procuram fazer o melhor que podem, mas nem sempre há preparo para todas as situações. "Isso não é homem, não", eu cheguei a ouvir do meu pai, quando já tinha quatorze anos. Eu me sentia péssimo. Aquilo me dilacerava por dentro, pois, apesar das boas intenções, só conseguia enxergar que ninguém havia enfrentado aquilo por mim ou comigo. Silenciar não era a solução que eu esperava.

Ainda assim, alguns anos depois, o assunto vazou em meu colégio. Eu não preciso dizer, a gente sabe como crianças e adolescentes podem ser cruéis, pois todo mundo já foi para a escola. Fui ridicularizado por muito tempo e precisei aprender a lidar com mais esse obstáculo.

Quando me converti, 80% desse peso saiu de mim. Depois, estudando, entendi que as vítimas de abuso tendem a pensar que o que viveram foi culpa delas. Eu mesmo pensava assim, desde novinho.

Com a terapia e a ajuda psicológica da igreja, libertei-me dos 20% do fardo que ainda carregava. Pela primeira vez, consegui verbalizar o que havia acontecido para um casal de discipuladores. Ouvi deles, em retorno, que eu não era o culpado. Era uma vítima. Quando compreendi isso, finalmente me senti restaurado.

O mundo realmente dá muitas voltas. O mais engraçado é que, na qualidade de promotor de justiça (minha atividade profissional), entre outros delitos, eu também processava os abusadores. A vida me levou a intervir em crimes sexuais, e sempre pedi a Deus que trouxesse justiça. Num paradoxo com a balança de direito, pender para um lado ou outro não era uma opção.

❖❖❖

Voltando ao assunto dos traumas da infância, acredito que muitos nós que carregamos está na forma como fomos criados. Já adultos, podemos mudar e dar novo significado a muita coisa, mas continuamos sendo, em grande parte, resultado da nossa criação, do nosso ambiente. Inclusive, já ouvi por aí que, quando agimos no automático, sem pensar no que estamos fazendo, parecemos nossos pais ou uma versão de nós mesmos anterior à terapia.

Falando sobre minha criação, reconheço que ela foi ambígua em muitos sentidos. Filho de duas pessoas muito diferentes, tive o estudo como princípio e, paralelamente, a espiritualidade também. Aprendi a ser eu mesmo, mas sem incomodar o próximo. Ter palavra, sem invadir a fala de alguém. Ser criativo e escrever meus pensamentos, mas sempre cumprir o dever primeiro.

Meu pai sempre era rígido, gostava de ter tudo feito do seu jeitinho, a fim de chegar a um denominador que considerava certo. Por exemplo, de segunda a sexta, eu precisava estudar das 14h às 17h, sem falta. Em outra ocasião, quando eu tinha onze anos, ele me chamou até o banheiro para que entendesse qual era a maneira correta de deixar o papel higiênico pendurado.

Lembro-me como se fosse hoje do dia em que quebrei um lustre sem querer, através da persiana da janela, e fui avisá-lo, temendo a bronca típica por não ter sido cuidadoso. Ele me surpreendeu com um "não tem nada não, meu filho. Essas coisas acontecem".

⁂

Em agosto de 1978, fazia um ano e oito meses que tínhamos nos mudado para um apartamento próprio. Era novinho. Cheio de sonhos pessoais dos meus pais nas paredes e decorações. Foi então que aconteceu outro evento notório em minha trajetória: eles se separaram.

Aqui, tenho duas certezas: sei que meus pais fizeram o melhor que puderam com o que tinham e sei também que ninguém se separa da noite para o dia. Do meu ponto de vista, eles eram razoáveis juntos, mas acredito que, para eles, sua relação era bem ruim. Na época, na minha cabeça infantil, minha maior preocupação era se a separação afetaria meu futebol na escola.

Sempre fui muito observador. Então, para mim, não fora surpresa; claro, mas isso não significa que a adaptação tenha sido fácil. A nova rotina era muito diferente daquela a que estávamos habituados.

Todo final de semana e nas férias, nós ficávamos com nosso pai. Na busca de maior tempo de qualidade e numa doação de si, ele criava roteiros pitorescos, que deviam acontecer religiosamente, nunca esquecidos.

A abertura oficial do verão em Recife acontecia em setembro. Por isso, praticamente todo sábado íamos à praia com meu pai, das 10h às 13h. Nunca mais ou menos tempo do que isso. Não éramos coagidos, mas nos sentíamos obrigados. Como o deixaríamos sozinho?

Já quando tinha por volta dos doze anos, meu pai lia histórias do Antigo Testamento da Bíblia, como a travessia de Moisés pelo Mar Vermelho, Davi e Golias, ou Jonas na barriga do peixe gigante. Geralmente, eram enredos longos e com uma linguagem mais robusta. Eu me questionava por que precisava ficar ouvindo aquelas histórias até o final…

Quando voltava para a casa de minha mãe, já vinha dizendo que papai havia enlouquecido de vez. Era muito estranho vê-lo contar histórias que me pareciam fantasiosas num tom tão sério, quando eu já era grande.

Da mesma maneira que lia aqueles contos, ele também me obrigava a visitar a igreja com ele. Eu não precisava entrar no templo se não quisesse, mas tinha que ir. Digo templo porque não gosto de chamar de igreja uma construção de pedras, porque entendo que a igreja verdadeira somos nós. Hoje, porém, sei que minha presença ali era uma sabedoria que Deus havia dado a meu pai.

Já ouviram aquele ditado clássico "água mole em pedra dura, tanto bate até que fura"? Aquela água demorou a fazer o seu efeito. Naqueles anos, e ainda hoje, a igreja onde meu pai nos levava tinha um espaço externo chamado Praça da Alegria, feito para as pessoas descansarem e interagirem. Foi quase um ano indo até lá, sem entrar. Numa recusa infinita, sentei-me nessa mesma praça e comecei a fazer palavras cruzadas. Se fosse hoje, provavelmente estaria em um celular.

Com o tempo, fui me cansando de ficar lá fora, sozinho. Coloquei uma cadeira na porta do templo e comecei a ouvir.

Aquilo que não fazia sentido começou a ter uma possível razão. Até o dia em que me rendi e entrei; foi ali que se iniciou meu processo espiritual.

Comecei a frequentar a escolinha dominical e ouvir as mesmas histórias que meu pai contava, agora com outros ouvidos. Passei a entender de verdade sobre o que elas falavam. Em seguida, aprendi a tocar violão e fui me envolvendo aos pouquinhos com um mundo novo que, silenciosamente, me mudava de dentro para fora.

VERBO E VIDA

Este espaço é para indicar os livros que mais gostei de ler e que desejo que você leia também. Claro que a primeira indicação é a coleção de livros do **Antigo Testamento (judaísmo)** e a do **Novo Testamento (cristianismo)**. Lê-los com um(a) bom (boa) orientador(a) é uma experiência inesquecível que nos acompanha em toda a nossa jornada.

Concomitantemente a esse período, meus pais sempre exigiram que o estudo fosse parte importante na minha vida e na de minhas irmãs. Minha mãe, sendo funcionária pública, escritora e poetisa, e meu pai, sendo médico, tratavam tanto a educação formal quanto a intelectual como pilares de nossas vidas, valorizando boa postura e comunicação de ideias.

Foi por essa razão que entrei muito cedo na faculdade, em minha primeira tentativa. Sempre muito bom aluno, destaquei-me e passei no vestibular de direito quando ainda estava no segundo ano do ensino médio. Desde então, sempre me sobressaí nessa área.

Foi assim que a esposa do pastor Paulo soube da minha dedicação e me deu uma bolsa de estudo em sua escola de inglês. Dediquei-me mais uma vez e ganhei notoriedade na língua.

Paralelamente a isso, toda quarta-feira, eu tocava em uma reunião em que o bispo americano da igreja pregava. Foi ele, Edmund, quem fez uma parceria com a unidade de Oregon, Estados Unidos, e decidiu mandar um jovem local para fazer divulgação do trabalho que prestávamos por aqui. Reparei que Deus estava levantando um anjo em minha vida quando ele decidiu me dar essa experiência, bem quando eu tinha dezessete anos.

❖❖❖

A ida aos Estados Unidos foi uma virada de chave que mudou minha vida. Nunca havia pensado em sair do país, até que saí. Meu primeiro entendimento foi que o mundo não era só Recife, minha família e minha igreja. Ele ia além de tudo isso e era muito maior que minha bolha, em que vivia desde que havia nascido.

De setembro de 1983 a julho de 1984, morei em Oregon, na capital Salem. Como já havia terminado o colegial e feito um semestre da faculdade de direito aqui no Brasil, meu intercâmbio foi um pouco diferente: eu cursava um *high school informal*. Fiz o terceiro ano do colegial para aperfeiçoar o inglês, mesmo já tendo finalizado o ensino médio no Brasil.

Como fui enviado pela igreja, havia sido decidido que passaria exatamente um mês na casa de cada família de lá. De início, podia parecer algo ruim, mas na verdade foi maravilhoso. Cada casa tinha a sua particularidade.

Foi um período da vida em que me senti muito, muito amado. Como eu só ficava na casa das famílias por um mês, elas realmente se dedicavam a mim. Eu me lembro como se fosse hoje da primeira vez que me levaram para comer fora. Fomos ao Burger King, e, para mim, aquilo era quase o paraíso. Também foi dessa maneira que aprendi a jogar tênis e visitei outros lugares, tanto dentro dos Estados Unidos (Nevada, São Francisco, Lake Tahoe) como fora, no Canadá (Vancouver e Victoria).

Esse período foi um oásis no deserto.

Sem que eu soubesse, precisava daquele tempo. Foi como se Deus realmente tivesse me dado essa experiência com o intuito de mudar a minha vida inteira. Eu nunca havia sido tão bem tratado. Parecia um abraço dentro do meu ser.

Enquanto estava fora, trabalhava com todo tipo de coisa, até mesmo faxina. Aprendi muito sobre o manuseio do dinheiro e seu valor. Intelectualmente, solidifiquei a língua, o que me trouxe a oportunidade do meu primeiro emprego oficial: ser professor de inglês, já aqui no Brasil.

Espiritualmente, não foi um período bom. Confesso que me afastei. Queria sair bastante com meus amigos e já não lia a Bíblia ou me dedicava à espiritualidade. Apenas seguia o *script*: ia aos cultos e fazia o que precisava para continuar lá.

Mas fui já sabendo que tinha um prazo para retornar. Por gostar de viajar, meu pai foi me encontrar. Voltando pela Califórnia, ele me encontrou em Oregon e partimos juntos para Los Angeles, Las Vegas, Grand Canyon, Orlando e Miami. De lá, o destino era o Brasil.

Já cheguei com uma notícia boa. Enquanto estava fora, meu avô havia feito aos pouquinhos uma poupança em meu nome, para me receber e ajudar a me reestabelecer, pois ainda era muito jovem.

VIAGENS (IN)COMUNS
As viagens nos levam a viajar em nós mesmos

Pode parecer difícil de acreditar, mas, depois que voltei, demorei quarenta anos para entender a razão pela qual, realmente, eu havia feito a viagem. Sabe quando internamente você se questiona?

Não que quisesse apagar tudo o que construí em meu país, mas, se eu havia vivido tanta coisa boa na terra do tio Sam, qual havia sido a razão para não ficar? Em 2015 finalmente recebi essa resposta.

Tirei férias e fui viajar por dois meses. No primeiro mês, eu estava acompanhado da minha esposa e filha. No segundo, sozinho, fui a Salem.

Nada é por acaso. Tudo sempre acontece por uma razão, mesmo quando a gente não entende.
Foi assim que compreendi que eu voltei porque Deus havia deixado o melhor de mim aqui, em Recife.

Ele me quis de volta para poder explorar meu interior do jeito certo, para me fazer florescer onde queria me plantar. Talvez, se tivesse ficado lá, teria me acomodado. Poderia ter um emprego regular e uma vida tranquila, sim, mas sem os tijolinhos da construção que fiz aqui.

Como as coisas não eram fáceis no Brasil, eu precisei trabalhar dobrado para me sustentar. Foi assim que o limão se tornou limonada e a vida tomou a forma como a conheço hoje.

❖❖❖

Às vezes, as obviedades da vida não são tão óbvias assim. Em muitas ocasiões, até precisamos de ajuda para entender o simples.

Em outras, porém, vamos embora dessa jornada sem saber o motivo de percorrê-la.

Uma dessas obviedades é que todo bebê, em seus primeiros dias e meses, tem o aconchego físico. O abraço que balança para dormir, as mãos que acariciam para ninar, o toque para entender quem fala com ele. Quando cresci, fui tendo cada vez menos esse contato.

Do jeito deles, meus pais não eram do tipo que abraça apertado em um dia comum ou que tocam para demonstrar afeto. E eu sentia a falta de contato em minha própria pele. Mas...

Como óculos embaçados que, quando são limpos com uma flanela bem sequinha, tornam tudo transparente, a minha conversão fez com que eu entendesse o amor de Cristo. Foi através dele que minha visão de mundo ficou mais clara.

Eu fui o primeiro neto de meus avós e, por isso, fui muito amado. Vovô Jorge, vovó Áurea, vovô Dinamérico e vovó Haydée foram figuras essenciais para a minha construção como pessoa. Enquanto eles viveram, senti-me abraçado por eles.

Famílias desconhecidas me abraçaram nos Estados Unidos e abriram suas portas animadamente. Minha esposa, com quem divido a vida, que sabe tudo antes de qualquer pessoa, mostra diariamente o que é ser abraçado por Deus. Atualmente, também meus filhos são uma demonstração de amor. Eles sabem se aproximar de mim nos mínimos detalhes.

Se me perguntassem antes se todo mundo consegue ser amado simplesmente por ser quem é, eu diria que não.

Hoje, tenho a certeza de que, para qualquer pessoa, há sempre um lugar. Sim! Um espaço amoroso depende das pessoas nele e do que temos em nosso interior para oferecer.

Para mim, esse lugar é onde encontramos aceitação, estímulo, validação e até correção para crescermos. Tudo em amor. Porque não podemos ser a mesma pessoa para sempre.

Nessa vida, em que não escolhemos quando ou onde nascer e crescer, é importante saber que nem sempre vamos receber o amor da maneira que pensamos ou onde imaginamos. O amor é extremamente pessoal.

> Também é essencial ter a certeza de que Deus sempre nos ama e nos levanta para nos ensinar o que é o amor. Muitas vezes, o abraço que vamos receber não é físico ou trivial, pode ser sutil, de uma fonte que nunca imaginamos.

Se preciso, anote, mas constantemente saiba: o abraço sempre vem.

NOS BASTIDORES
Crescer para ele não foi fácil

Porque ninguém vive só de palco, apresento a vocês os meus bastidores. Nele, estão aquelas pessoas que viveram minha história e que também têm muita coisa a contar — quase tanto quanto eu — por terem compartilhado experiências valiosas comigo. Para começar e dar sua versão da história, com a palavra, minha mãe, Vernaide Wanderley:

> *A história de Dino, como o chamo, é inspiradora. A vontade de desnudar a verdade do que viveu vai ser um dos momentos mais importantes de sua obra, eu imagino, pois ele tem um compromisso muito grande com a verdade, e eu sei que isso vai tocar o coração de muitas pessoas.*

Quando Dino me falou sobre o livro, fiquei pensando na coragem de meu filho. E isso só me fez aumentar ainda mais minha admiração por ele. Apesar de ter facilidade de se expressar, sei que ele vai abrir pontos da sua história sobre os quais até mesmo nós dois nunca chegamos a conversar.

Eu me emociono ao falar disso, mas imagino que crescer, para ele, não tenha sido fácil. E, ainda assim, deu tão certo! Falar de Dino é muito difícil para mim porque ele significa muito.

Hoje, ele está muito próximo a mim, um dos meus grandes amigos da vida. Já estivemos mais distantes, pelo cotidiano, mas atualmente isso não existe mais. Toda semana, sistematicamente, ele vem até minha casa. Conversamos sobre tudo, da política à vida amorosa.

Ave Maria! Eu não gosto nem de pensar, se Dino saísse de minha vida, deixaria uma lacuna imensa! Sendo mãe, eu conto com ele para o que der e vier. Ele me dá força, me escuta, está sempre aqui. Eu tive muita sorte.

Vernaide Wanderley, mãe de Dino

CAPÍTULO 2

CONVERSÃO: SEM HOLOFOTES, COM LIVROS

Cada conversão tem sua versão (in)comum.

"Em quem buscaremos socorro, senão em alguém mais forte que nós?"

C. S. Lewis

Em Eclesiastes, lemos Salomão dizendo uma verdade atemporal: "Tudo tem o seu tempo determinado e há tempo para todo o propósito debaixo do céu" (Eclesiastes, 3:1). Essas palavras sempre me inspiraram a acreditar que, além de nada acontecer por acaso, tudo acontece no tempo certo, através de processos que podem ser longos ou curtos, mas, geralmente, são imperceptíveis enquanto os vivemos.

Costumamos ouvir todo cristão falar sobre o trabalhar de Deus, mas experienciar esse trabalho na prática é realmente transformador. Um exemplo disso é minha conversão, um reflexo daquilo que acontecia ao meu redor e no meu interior. No início de dezembro de 1984, logo quando voltei dos Estados Unidos, percebi que algo profundo havia mudado em mim.

Do ponto de vista emocional e cultural, ir para os EUA foi extremamente prazeroso. Eu não só me senti, como fui muito bem cuidado enquanto estive lá. Para mim, até aquele ano, não havia vivido nada que se comparasse com aquela experiência. Quanto à minha relação com Deus, porém, eu estava bem longe do ideal e até mesmo do que gostaria.

Já ouvi por aí que o fato de você ir a uma hamburgueria não faz com que você se torne um hambúrguer. Se, por um acaso, algum dia você precisar dormir em sua garagem, também não se tornará um carro. Às vezes, podemos cumprir papéis que nos foram colocados, ou nos quais nos encaixamos, mas não fazer isso de coração. Com a "igreja" é a mesma coisa.

Para quem olhasse de fora, eu estava cumprindo todo o *métier*. Ia à "igreja" e representava o combinado, mas onde mais importava, dentro de mim, comecei a me afastar de Deus. Quando voltei ao Brasil, meu primeiro pensamento foi: Vou deixar esse negócio de igreja. Não produziu nada em minha vida.

Perceba como minha cabeça já estava distante, mesmo que aquele pensamento não fosse verdade. Foi graças à igreja que viajei aos EUA, e esse evento prazeroso mudou minha vida.

Lá, aprendi o inglês e, quando retornei, passei a ensiná-lo. Fui professor. Portanto, de fato, ela contribuiu muito para a minha vida já nesse período.

Bem nessa mesma época, sem saber de nada, uma pessoa conhecida, hoje um grande amigo, insistiu para que eu fosse a uma reunião da igreja numa sexta-feira. Enrolei até quando pude, mas, de tanta insistência, fui.

Não havia alguém liderando a reunião, mas uma pessoa naturalmente se destacou. Quando o encontro já estava se encerrando, ouvi:

— Olha, hoje à noite, eu sinto que Deus vai lhes encher do Espírito Santo. Ele está querendo encher.

Aquele homem pôs as mãos sobre as pessoas, e elas começaram a orar em línguas, como dito na Bíblia.[1] Eu achava que precisava de um merecimento muito grande para isso. *Eu estou fora desse negócio, com certeza. Não mereço, estou afastado do meio,* pensei.

De repente, vi uma pessoa do meu lado orar em línguas também, como outras ao meu redor. Mas, dessa vez, tive um pensamento diferente: *Essa não, Senhor! Eu não aceito. Se o Senhor deu a ela Sua graça, vai dar a mim também!*, pois, afinal de contas, a pessoa era a minha irmã, e eu conhecia intimamente todas as dificuldades dela!

Lembrei-me da graça de Deus, que é o favor que não merecemos, mas ganhamos por Sua bondade. Foi então que percebi que o dom estava acessível a todos. As línguas eram somente uma manifestação externa do que sentíamos por dentro. E, então, eu falei, sem que ninguém precisasse me ensinar como, de forma

---

1 "E, cumprindo-se o dia de Pentecostes, estavam todos concordemente no mesmo lugar; E de repente veio do céu um som, como de um vento veemente e impetuoso, e encheu toda a casa em que estavam assentados. E foram vistas por eles línguas repartidas, como que de fogo, as quais pousaram sobre cada um deles. E todos foram cheios do Espírito Santo, e começaram a falar noutras línguas, conforme o Espírito Santo lhes concedia que falassem." (Atos 2:1-4)

natural. Obviamente, para sermos salvos não precisamos orar em línguas, apenas receber Jesus em nosso coração e testificar nossa decisão diante de um grupo, mas o que eu sentia nessa nova experiência era um sentimento de pertencimento muito grande, como se eu estivesse nascendo de novo.

A experiência foi inacreditável e me marcou para sempre. Para mim, esse foi o momento em que me converti verdadeiramente. Meus velhos hábitos foram deixados para trás. Minha conversão foi de dentro para fora.

Nessa altura, eu pouco frequentava as reuniões e os cultos, estava cansado dos rituais externos, mas, ainda assim, isso não impediu que fosse batizado em línguas, também. Comecei a entender, então, que não era o que eu fazia que me definia, mas sim a minha relação com Deus. Inclusive, foi da mesma maneira que senti o meu chamado pastoral, que intuitivamente surgiu mais tarde.

Às vezes, achamos que não estamos seguindo um roteiro, mas desconfio que seguimos, sim, alguns roteiros que não vemos. Nada é coincidência.

Aos poucos, fui percebendo que meu entusiasmo com certas coisas — que antes eram rotineiras e comuns para mim — havia mudado. De repente, tudo foi ocupando o lugar que deveria em meu coração. Meu time de futebol favorito, por exemplo, pelo qual eu acordava de madrugada para ouvir os comentários esportivos, inconscientemente deixou de ser o meu deus e passou a ocupar seu lugarzinho de "coisa" em minha vida.

Além disso, sempre gostei muito de ler. Por isso, interessado no assunto, comecei a comprar e consumir livros e comentários bíblicos que, apenas depois me dei conta, geralmente eram lidos por pastores.

Era muito estranho ver mudanças tão significativas acontecerem de maneira tão fluida, sem que nada disso me fosse ensinado. Foi assim que me apercebi e me apropriei, aos poucos, do meu chamado.

Eu já preguei sobre isso algumas vezes e acredito ser importante pontuar que há como perceber a conversão genuína. Jesus disse que, pelos frutos, conheceríamos seus filhos.[2] Um bom indicativo da mudança verdadeira é a medida do amor e do serviço.

É nítido quando vemos alguém que ama a Deus, as pessoas, os animais, Sua criação, pois os frutos do espírito transbordam.[3] Não há como ignorar a bondade, o amor, o domínio próprio, a mansidão, o gozo, a paz, a longanimidade, a fidelidade e a benignidade. É algo perceptível.

Falar bem em público, ter bom vocabulário e dicção, pregar a palavra, ter dons, ser líder, tudo isso são exterioridades, mas não querem dizer muita coisa quando as comparamos ao amor e ao serviço. É isso que define um cristão.

Todo convertido, porém, recebe ao menos um dom, que grita dentro de seu peito dizendo o que ele deve fazer. É sentido. E, para esse ser, especificamente, não será pesado exercê-lo, ele o recebe graciosamente e graciosamente o dá.

Jesus disse que seu jugo é suave, assim como seu fardo é leve. Primeiramente, ele chama os cansados e sobrecarregados para irem até Ele, pois vai aliviá-los[4]. Se você já parou para ler

---

2 "Portanto, pelos seus frutos os conhecereis." (Mateus 7:20) / "Ou fazei a árvore boa, e o seu fruto bom, ou fazei a árvore má, e o seu fruto mau; porque pelo fruto se conhece a árvore." (Mateus 12:33)
3 "Mas o fruto do Espírito é: amor, gozo, paz, longanimidade, benignidade, bondade, fé, mansidão, temperança." (Gálatas 5:22)
4 "Vinde a mim, todos os que estais cansados e oprimidos, e eu vos aliviarei. Tomai sobre vós o meu jugo, e aprendei de mim, que sou manso e humilde de coração; e encontrareis descanso para as vossas almas. Porque o meu jugo é suave e o meu fardo é leve." (Mateus 11:28-30)

esse trecho das escrituras, percebeu que, no verso seguinte, Ele diz para tomarmos, então, o jugo dele. Ainda que seja suave, podemos ficar confusos com o alívio imediato de um peso e sua substituição por outro. Como Ele vai nos aliviar e, em seguida, colocar sobre nós um novo jugo?

Na fase inicial de minha conversão, pesquisei e aprendi que jugo é a canga que, naquela época, se colocava sobre o animal para que ele arasse a terra. Era um instrumento de tração. O que eu entendo é que todo cristão vai ter um dom natural, que flui dele sem grande peso. Assim foi comigo, que senti brotar em meu peito o dom do ensino. Mesmo jovem, foi natural para mim ler, pesquisar, aprofundar e ensinar.

A conversão, o despertar, o início da caminhada é a entrega a Cristo. A consequência disso é o Espírito Santo me oferecendo um dom natural, que pode ser muito diferente de uma pessoa a outra. Todos que são chamados, porém, passam por um deserto, momento de luto ou conflito. Após sua conversão, o apóstolo Paulo não foi muito efetivo no início. Na Bíblia, o mesmo aconteceu com Moisés, que passou quarenta anos no deserto sendo treinado, cuidando das ovelhas do sogro.

Na teoria, pode parecer confuso, mas a prática de um chamado é nítida. Como eu já disse antes, ele vem de dentro.

Um falecido conhecido meu, bispo em Recife, foi um intelectual e nos ensinou bastante. Ele costumava dizer que há os "chamados", os "enxeridos" e os "mal-ouvidos".

No chamado, quase sempre a pessoa não quer o ministério, mas fica sendo puxada. E, ao viver e ver, começa a sentir o impulso no seu interior. Além de tudo, o chamado é reconhecido pelas pessoas ao redor, é confirmado pelo entorno.

Os "enxeridos" são aqueles que, mesmo sem chamado, querem viver aquilo e se lançam. Antigamente, algumas vezes eu vi quem insistia em um vestibular e, quando não passava, optava pelo seminário teológico, dizendo ser o jeito, como última opção.

Os "mal-ouvidos" são os que fogem do que foram chamados para fazer, como Jonas, que foi postergando. Nesse ponto, eu gostaria de fazer uma recomendação: tente não ser aquele que vai dizer "daqui a pouco, Deus". Viver o seu chamado é uma grande e maravilhosa aventura.

> Assim como a vida de Cristo foi tão importante, que marcou a história como antes e depois dela, sei que Ele tem poder de fazer a mesma coisa em quem o conhece. Claramente, minha vida é marcada com um antes e um depois d'Ele.

Tudo mudou drasticamente. Continuei com minha personalidade e meu temperamento, mas passei a sentir mais ousadia e paz comigo mesmo. Até minhas relações foram mudando.

Num primeiro momento, lidei com a conversão de forma radical, doei-me muito. Eu queria trazer as pessoas para mais próximo de Deus. Então, preguei em ônibus, participei do louvor ao ponto de me tornar ministro — que é mais do que somente tocar violão — evangelizei em hospitais, preguei em praças... Várias dessas ações eram feitas em grupos, mas algumas eu realizava sozinho. Então, passei a me isolar e me achar espiritual demais, lamentavelmente.

Toda pessoa tem sua própria experiência de conversão. Afinal, Deus sabe as vivências de cada um e age de maneira multiforme. Certa vez perguntei a um rapaz da igreja, a quem discipulei, qual era a sua história. Ele não tinha uma resposta pronta. Disse que foi frequentando, espiritualizando-se, indo à igreja e não sabia dizer o exato momento em que a conversão acontecera, mas sabia que tinha acontecido.

Com Jesus, sempre é possível saber que estamos fazendo o que devemos fazer ao nos rendermos à sua vontade. Ainda assim, quando decidi entregar minha vida a Ele, eu não sabia o que seria no futuro. O amanhã eu apenas entregava a Deus e queria que Ele cuidasse de tudo.

Quando somos jovens, temos a falsa sensação de que sabemos muita coisa. Olha, eu já me considero na terceira fase da minha vida e ainda não vejo tudo muito claramente, mas sei que serei guiado a cada dia. Como já disse alguém, "eu não sei para onde Deus está me levando, mas eu conheço bem o meu guia". Por isso, em tudo o que eu faço, tento manter-me voltado para a direção de Deus, que engloba tudo o que vivo... ontem, hoje e amanhã.

∴

Costumamos correlacionar a palavra vocação ao contexto religioso, mas há um aspecto dela que diz respeito à vida em geral, já que somos seres integrais e não só metade cristãos.

Vocação tem a ver com o que me faz vibrar por dentro e tem total ligação com o meu chamado, mesmo antes que ele aconteça. Vemos exemplos reais na Bíblia de que Deus capacita aqueles que escolheu. Mas isso não tira a minha responsabilidade de fazer minha parte: aquilo que me é possível fazer.

Moisés se preparou para sua vocação por oitenta anos. Somente nos últimos quarenta anos de sua vida, dos oitenta aos 120, ele conduziu o povo através de seu ministério. Em toda sua existência, Jesus teve trinta anos de preparo e somente três de exercício, no que podemos chamar de seu ministério público. Em outras palavras, sua vida foi passada muito mais nos bastidores do que no palco propriamente dito.

Se eu fosse o filho de Deus, pensando como ser humano, faria o contrário. Me prepararia por três anos e nos outros trinta colocaria a "mão na massa". Mas as coisas de Deus não são como as nossas. Ele é o criador, e nós, apenas criaturas, "também os meus caminhos são mais altos do que os seus caminhos; os meus pensamentos são mais altos do que os seus pensamentos" (Isaías, 55:9).

Recentemente, em um dos cultos cujo pregador principal eu auxiliava, ouvi algo dele que me marcou ao ponto de querer compartilhar aqui. O jovem pregador, recém-ordenado — fazia somente um mês —, teve um sonho em que estava sendo promovido. Ele ouvia a voz de Deus dizer a ele que era uma mudança de patamar. À sua frente, ele via uma escada. Mas, ao invés de subir um degrau, ele desceu. Quer dizer, a ordenação não era um lugar mais alto, e sim mais baixo, uma posição de serviço.

Fui tocado profundamente.

> *Lembrei-me das palavras de Jesus e de seu posicionamento humilde diante de todos. Além de nos ensinar a dar a túnica, Ele nos mostrou como devemos ser. Mesmo sendo filho de Deus, se fez homem e morreu na cruz.*

É isso que eu quero para mim.

❖❖❖

Como falei anteriormente, tenho um sentido crítico aguçado. Extremismos, hoje, me assustam. Precisamos tomar cuidado com as demonizações que ouvimos por aí ou que, instintivamente, criamos por medo.

Quando falamos de vocação, há normalidade em vermos também o tempo de palco. Ele não é algo ruim, de que devemos fugir. Até mesmo Jesus teve o seu ministério público, pois falava para multidões.

Como no sermão da montanha, o palco pode ser o nosso espaço de porta-voz. Precisamos enxergá-lo não como o destino, mas como uma oportunidade para exercer aquilo a que fomos chamados.

Para mim, palco representa um lugar mais visado e público. Quando o encaro nesse sentido, eu não desejo o palco em si, mas quero ser usado na completude dos meus dons sobre ele. Mas, novamente, exposição é uma consequência. Quem almeja o palco, vai cair dele. É necessário almejar o servir.

Na minha carreira, passei doze anos trabalhando diante de um júri. Muitas vezes, em situações superdelicadas que me prepararam para falar em público. Talvez eu não seja o melhor pregador, mas tenho experiências para compartilhar, tenho algo a dizer. Não sei se devido ao momento em que vivo ou à necessidade do mundo ao meu redor, mas, mais do que nunca, sinto que preciso contá-las.

Deus não vai chegar nos empurrando no peito. Quando nos rendemos, Ele sempre fala e nos direciona para onde quer. E, mesmo quando não queremos, podemos ter certeza de que o que Ele sinaliza é o melhor caminho para nós. A vida com Deus é tênue, não é uma coisa externa, de aparências. É uma experiência interna, do coração.

> Somos seres pecadores e tudo de bom que temos veio dos Céus. É claro que tendemos a desejar o palco por carência ou ego, por isso, em tudo que fizermos, sempre precisamos nos questionar: por que eu estou aqui? Qual é a minha motivação?

Eu quero que meu ministério seja mais visto para que meu alcance seja maior e não devido à visibilidade pessoal. Apenas porque acho que, nessa altura da vida, posso ajudar ainda mais pessoas. Este livro é a maneira que encontrei de não deixar que sejam esquecidas as palavras que podem se perder com o tempo.

❖❖❖

Nunca esqueço das fitas que ouvi de Juan Carlos Ortiz, evangelista argentino e autor do livro O Discípulo, conhecido mundialmente à época. Na década de 1980, ele ministrou para pastores em um retiro na minha cidade. Meu pai comprou suas fitas (sim, eram fitas cassete), e com isso ganhei a oportunidade de ouvi-lo.

Escutei todas, mas me encantei justamente por aquela em que ele fala sobre ministérios. Depois de um curso de uma rede missionária, começamos em minha igreja um programa de discipulado pioneiro inspirados por Jesus escolhendo os doze discípulos.

Éramos quatro líderes do que chamamos célula-mãe. Cada um discipulava até cinco pessoas. Muitos pastores surgiram através desse movimento. Eu sempre entendi que a igreja não devia ser só no domingo e que precisávamos de um grupo menor para interagir, crescer e compartilhar.

Assim, fui ministro de louvor por quinze anos. Em 1992, casei-me. E, em 1995, eu e minha esposa ficamos à frente de grupos familiares. Também entendo esse período e essa experiência como um ministério itinerante para a formação de líderes. Fui para muitos congressos de células e li muitos livros para entender o que estava mudando em minha vida.

Além do livro de Juan Carlos Ortiz, muitos materiais de Watchman Nee, esse influente líder cristão e mártir chinês que ensinava sobre crescimento da igreja, me inspiraram à época. Como naquele tempo não existia internet, eu usava concordâncias bíblicas quando queria encontrar uma palavra no texto. Bíblias de diversas traduções lotavam minha estante, além dos vários comentários bíblicos. Era ainda um tempo de pesquisas artesanais.

Gostava também de estudar o missionário Jaime Kemp, doutor norte-americano em ministérios da família. Li e reli o Fator Melquisedeque, de Don Richardson, que traz a consciência universal da existência de um Deus único entre as diversidades de expressões culturais e religiosas dos diferentes povos e civilizações ao longo da história. Esse livro, sempre que o leio, traz-me algo novo. Não posso deixar de citar aqui a importância de William Beckham em minha trajetória, com *A Segunda Reforma* (1 e 2), que abordam de forma tão especial a necessidade dos grupos pequenos no corpo de Cristo.

VERBO E VIDA

Como estou citando obras inspiradoras, espero que este livro te ajude em toda a sua existência. Que você, leitor, possa fazer mais de uma leitura e ser tocado em todas elas. Não só pelas palavras que aqui deixo, mas por indicações muito enriquecedoras.

Com segurança, aconselho você a não viver essa vida sem ler *Cristianismo puro e simples*, de C. S. Lewis. De acordo com a sinopse do livro,

> durante a Segunda Guerra Mundial, a BBC convidou C. S. Lewis para fazer uma série de palestras pelo rádio. Foram programas que, ao final, deram um sentido novo à vida de milhares de pessoas. O livro *Cristianismo puro e simples*, que traz essas preleções legendárias, veio a ser considerado a mais popular e acessível de todas as obras de Lewis, lembrando-nos daquilo que é mais importante na vida e apontando-nos o caminho da alegria e do contentamento. C. S. Lewis foi capaz de dar conforto e consolação a milhões de pessoas num tempo de guerra e de incertezas; mas suas palavras são tão pertinentes agora quanto em qualquer outra época. (C. S. Lewis, Martins Fontes, 3. ed., 2009)

VIAGENS (IN)COMUNS
Deus está em todas as culturas

Uma das garantias que temos é que nunca conseguimos nos esconder de Deus. E, para provar, sempre encontrei Deus em todas as viagens que fiz, ainda que somente em algum cantinho delas.

Minha primeira viagem para outro continente, depois da América do Norte, foi marcante. Eu já era convertido, mas senti como uma confirmação de que estava fazendo o certo. O bispo Miguel queria me ajudar e me preparar para meu ministério:

— Dino, eu tenho um congresso para você ir em Singapura ou no Havaí — ele me disse, de repente.

Ele até mesmo me emprestou a quantia para o pagamento da taxa do curso. E eu fui — terminei indo para Singapura. Conheci muitos indianos doutores, médicos, pastores. Pessoas de destaque. Conheci até um homem que havia sido representante na ONU de seu país, na África. Não diminuindo minha própria profissão, que na época era analista judiciário, mas, diante deles, perguntei-me se haviam entendido qual era o meu cargo. Até hoje, acho que eles pensaram assim: rapaz, esse cara aqui é analista do Poder Judiciário! — se enganando levemente com a tradução e com a importância.

Além de treinar meu inglês e ganhar vários livros, foi uma experiência multicultural fantástica. Mais uma vez, saí de meu mundo e enxerguei realidades distintas e inspiradoras.

NOS BASTIDORES

Eu o assisti, aos poucos, ir se aproximando até entrar porta adentro

Neste capítulo, um depoimento de mais uma pessoa que foi fundamental durante meus bastidores. Alguém que me conhece desde o princípio. Com a palavra, meu pai, José Carlos de Sousa:

> Eu gosto muito de viajar e de conhecer culturas e pessoas diferentes. Vejo muitas características boas em meu filho, algumas que me fazem lembrar de meu pai, pois sei que aprendeu muito com ele. Sempre foram muito apegados um ao outro.
> Desde pequeno, nunca vi Dino se meter com coisas erradas. Ele poderia sair em desvantagem, mas sempre foi muito justo.
> Quando me separei da mãe dele, passávamos os finais de semana juntos. Num domingo em que íamos à igreja, fui surpreendido:
> — Eu não vou não, pai — ele me disse.
> Eu o levei assim mesmo. Disse que ele iria sim, pois eu era autoridade sobre a vida dele, uma vez que ele era meu filho. Sei que Deus me colocou como pai dele por um propósito.
> Com uma revista do lado de fora durante os cultos, eu o assisti, aos poucos, ir se aproximando até entrar porta adentro. Fiquei muito feliz por isso. Vi o Espírito Santo trabalhar em seu coração até resultar em sua conversão.
> O Dino é uma pessoa muito boa, que ficou ainda melhor após se tornar cristão. Ele é honroso, honesto, prestativo, bondoso, generoso, equilibrado, justo e temente a Deus.
> Quando ele me contou que escreveria um livro, fiquei me questionando sobre o que seria. Porque eu mesmo não tenho vontade de escrever algo assim, sabe? Eu não tenho ideia de como vai ser e, justamente por isso, estou curioso para ver acontecer.
>
> *José Carlos de Sousa, pai de Dino*

CAPÍTULO 3

VIDA: SEM PONTO FINAL, COM PONTO E VÍRGULA

A Vida tem razões que a vida comum desconhece

"O que realmente importa na vida é o que se faz com o tempo que nos é dado."

J. R. R. Tolkien

Eu já falei anteriormente sobre o perigo dos radicalismos, principalmente quando não estamos em um bom momento emocional. Quando me converti, muita coisa mudou em minha vida de dentro para fora, nada de fora para dentro. Quando dei por mim, porém, eu participava de grupos um tanto quanto radicais. Com dezenove, vinte anos, achamos que sabemos da vida, mas a verdade é que enxergamos somente a ponta do iceberg. E, o pior, quase sem experiência alguma.

Eu ansiava muito fazer a vontade de Deus, porque entendia que isso trazia sentido à vida. Assim, com dois anos de conversão, resolvi deixar a faculdade. Para mim, Deus estava me pedindo para fazer isso.

Agora sei que, nessas decisões importantes em que sentimos a direção de Deus, devemos, no mínimo, confirmar com alguém próximo, de confiança. Ouvir os outros é sinal de sabedoria. Na época, eu fiz tudo da minha cabeça: deixei a faculdade em busca de um suposto ministério, porque queria servir a Deus.

Ainda hoje sinto, todos os dias, que continuo me encontrando, é um mover contínuo, até mesmo ministerialmente. Mas, voltando lá atrás, a minha cabeça jovem funcionava com algumas premissas: orar, ler a Bíblia e servir a Deus. Eu fazia muita coisa para isso, pregava em ônibus, em praças, mas não havia entendido ainda a integralidade do evangelho — e com certeza hoje ainda estou nessa caminhada.

Por essa razão, minha mãe me colocou para fora de casa. "Se você não vai se formar, tá certo, mas vai para a casa de seu pai." Pode parecer muito duro, mas ela estava certa, e não tenho nenhum trauma disso.

Também nunca senti como se ela me desertasse ou cortasse relações comigo. Minha mãe queria que eu pensasse a respeito da vida e dos caminhos que estava escolhendo. Tanto que nunca deixei de frequentar a casa dela, mesmo nesse período.

Ela é muito aberta a Cristo, embora não frequente regularmente nenhum templo. Ela crê muito n'Ele, independentemente de um rótulo denominacional. Naquele momento, como estava me radicalizando, polarizando, ela não me apoiou.

Peguei minhas coisas e parti. Foi quase um voo solo, enquanto eu queria me achar e, ao mesmo tempo, ouvir a voz de Deus falando comigo.

Assim, em maio de 1986, larguei definitivamente a faculdade. Quando me mudei para a casa de meu pai, era tudo muito novo para mim e, sem a rotina universitária, percebi que não tinha muitos afazeres em meu cotidiano. Em uma das minhas leituras, li a passagem sobre o jejum de 21 dias de Daniel e acreditei que Deus queria que eu vivesse aquela mesma abstinência.

Comecei com uma dieta restritiva de um a três dias e fui aumentando até ficar sete dias sem comer. Então, iniciei o de 21. Eu bebia somente água e, na metade do período, bebi um pouco de água de coco. O corpo fraco passou a ter síncopes. Eu perdia os sentidos e acordava no chão, literalmente caído.

Mas persisti. Fiz o jejum em uma casa de praia que me cederam para aquele momento, eu a dividia com o namorado da minha irmã na época — atualmente, meu cunhado, os dois já são casados há mais de três décadas.

As experiências, de fato, não são as mesmas de pessoa para pessoa e se caracterizam de maneira extremamente pessoal. O período para ele foi incrível. No minirretiro, ele até decidiu a sua profissão. Quanto a mim, sentia que estava afundando.

Um cristão tem certeza de sua salvação. É muito tranquilo para um fiel saber que vai para o lar com o Pai quando se despedir desta Terra. Alguns se vangloriam, outros entendem humildemente que isso está ao alcance de todos.

Apesar de ter essa certeza, passei a não dormir direito e, então, a tomar remédios. No meio do caminho, não sei dizer bem em que parte dos 21 dias, vi a confiança sair de meu espírito. Foi nesse momento que tive uma alucinação.

A psiquiatria pode e deve analisar como quiser, mas essa foi a minha experiência, que relato com dificuldade ao lembrar dos detalhes. Entre as noites maldormidas e os desmaios de fraqueza, o diabo se apresentou para mim. Eu não vi com os olhos, mas ele falou comigo, e eu perdi a certeza da minha salvação.

É duro dizer isso, mas o demônio me disse que, se eu entregasse a minha vida a ele, tudo daria certo. Eu estava muito confuso, mesmo assim lembro de fazer essa oração ao diabo. Entreguei-me a ele, lamentavelmente.

Ora, a essa altura, eu já conhecia bem a Bíblia, pelo menos em letra. Se me foi retirada a salvação, agora estou longe de Deus, pensava. Era algo para o que não havia perdão, em minha concepção. Havia escolhido estar no inferno, e não tinha mais jeito.

— Se Deus existe, Ele está irado comigo. Eu fiz um pacto com o diabo. Acabou-se para mim. Agora só me resta morrer — disse baixinho, convicto de que não havia mais nenhuma esperança. Nem na vida após a morte, nem enquanto estava na Terra.

•••

Assim, passei por um processo que não era culpa de ninguém além de mim mesmo. Não aceitava psicólogo ou psiquiatra, mas também não tinha mais nenhuma força. Havia perdido toda a minha vontade de viver.

Você não consegue ver agora, mas carrego em meu pulso uma marca. A cicatriz de quando me cortei. Não alcancei veia ou artéria, mas tentei. Namorava a ideia de pular do 7º andar do prédio. Um dia, passei uma perna pela beirada, mas não tive coragem de prosseguir. Também tomei comprimidos em excesso, duas ou três vezes. Na última, fui para o interior da Paraíba e, na farmácia mesmo, decidi:

— De hoje eu não passo.

Comprei uma caixa de remédio para o coração e a tomei inteira, de uma vez. Não deixei nenhum comprimido na cartela. Meu coração não se alterou. Tranquei-me em um dos quartos da casa da minha avó e fiquei esperando a morte chegar. Mas ela não veio. Do jeito que meu coração estava batendo, ele continuou, até hoje. Não houve nenhuma alteração.

A ironia é que atualmente eu tomo esse mesmo medicamento, por prescrição médica. Não há outra explicação para esse episódio a não ser o milagre e a misericórdia de Deus. Anos depois, conversei com um médico que me explicou que dois ou três comprimidos já eram suficientes para meu coração bater tão forte a ponto de parar. Entretanto, isso nunca aconteceu.

Não me angustio ao relembrar esse fato. Sinto alívio e percebo a mão de Deus, que me alcançou com sua graça — eu não merecia, mas Ele não me deixou. É uma cicatriz indelével, pois não posso apagar minha história, mas que não me incomoda mais.

Em meio a tudo isso, meu pai achou que seria importante eu conhecer uma pastora que viera da África para o Recife. Quando ela foi orar por mim, sentiu a mesma coisa que eu. Ela tremia, tamanho o peso, tão horríveis os sentimentos.

Passei muito tempo sem dormir. Tem um texto bíblico que fala sobre a angústia do inferno. Entendi o que era isso quando vivi aquela situação. Foi muito ruim, em todos os aspectos. Era a pior sensação do mundo.

Meus amigos não se afastaram, mas eu o fiz e, como consequência, os perdi, além de quase tudo o que tinha, na época. Não havia mais faculdade, minha mãe havia se afastado no início e até meu pai ficou tão chateado comigo que acabou me dando um tapa no rosto. Ele insistiu que eu fizesse algo, ao menos o seminário, e lhe respondi sem nenhum respeito. Em suma, me via sozinho.

Por isso, resolvi fugir. Peguei um ônibus e fui sem rumo. Acabei parando no Maranhão ou no Piauí – estava tão fora de meu juízo que até hoje não sei muito bem aonde fui. Sei que andei por aí sem nenhum objetivo. Sem entender o que fazia, passei dias fora, praticamente uma semana, dormindo onde conseguia. Recordo-me muito do chão de uma rodoviária. Havia baratas passando em cima de mim, e o segurança me acordou, sem nenhum jeito, às 5h da manhã, ordenando que eu me levantasse dali.

Aquele episódio foi a gota d'água que me fez resolver voltar. Para isso, penhorei meu relógio, porque não tinha mais nenhum dinheiro. Sentia-me como um lixo humano naquela rodoviária. Ali era o meu fundo do poço.

⁂

Como a gente sai do fundo do poço? Esperamos alguém jogar água? Gritamos por ajuda? Eu tentei de tudo e sou muito grato por ter sido ouvido. Minha mãe foi a primeira a me estender não só a mão, mas o braço. Ela conseguiu profissionais para me acompanhar.

Depois das tentativas de suicídio, o psiquiatra me passou remédios fortíssimos para me trazer de volta. Paralelamente, fui fazendo psicoterapia. A primeira situação que me marcou como um recomeço foi o retorno da certeza de salvação. Fui para uma reunião com meu cunhado, aquela mesma em que eu havia me convertido numa sexta-feira à noite. Ele pegou o violão e colocou em minha mão, sem falar nada. Se ele soubesse o que eu fiz, jamais colocaria esse instrumento em minha mão, pensei. Não me lembro mais qual era a música, mas toquei. No meio da canção, me veio uma paz no coração e internamente ouvi uma voz suave que dizia que eu era um filho querido, que era perdoado por Deus e que não tinha perdido minha vida com Ele.

A graça de Deus me constrange e emociona. Ela independe de nós. O fato de eu ter me afastado não o afastou de mim. Eu errei e continuei sendo amado por Deus o tempo inteiro.

Pronto, do jeito que foi, voltou: a convicção de minha salvação.

A primeira coisa que fiz foi estar debaixo de alguém, submeter-me a caminhar com outra pessoa para que não ficasse mais só. Uma decisão tão importante quanto foi começar a ouvir mais os outros. Se pensar até onde cheguei, consigo ver que não sou um super-homem e que preciso caminhar com meus irmãos e depender de Deus.

Segui cerca de 80% de todas as indicações profissionais. Num certo momento, meu psiquiatra achou que era hora de pararmos, e segui somente na terapia. Minha mãe não largou minha mão. Em janeiro de 1987, meus avós vieram com a ideia de eu voltar à faculdade, que não achei que fosse possível. Depois percebi que eles estavam certos.

Posteriormente, houve uma cura, que ainda hoje é renovada em mim. É por essa razão que sou extremamente cuidadoso com o mundo místico que há na igreja. Deus fala, e sua palavra profética continua existindo. Ele está vivo e por isso se comunica conosco. Mas gato escaldado tem medo de água fria, então sou cauteloso quando o assunto diz respeito a Deus falar, hoje entendo que isso é algo muito sério e não pode ser banalizado ou buscado sem orientação.

Também compreendo a importância da saúde mental. É um tema da moda, mas que nunca vai se apagar para mim. Eu faço terapia, tomo meu remédio e cuido do ministério de cura interior da igreja.

Superei o que me aconteceu, mas, como disse anteriormente, foi um processo. Eu me cuido. Sei da imutável verdade bíblica e a compartilho com minha esposa, de quem não escondo nenhum segredo.

❖❖❖

Em tempos de redes sociais, é comum ver pessoas anônimas e de grande visibilidade mostrarem sua vida na internet. Eu não sou contra isso, de maneira alguma. Mas consigo entender que o que é exposto ali é a porcentagem mínima de alguém, perto do que há nos bastidores. Para mim, viver os bastidores é viver o que você precisa, é fazer a sua parte.

Quando consigo, gosto de compartilhar minhas experiências pessoais com o intuito de ajudar. Mas não conseguimos dividir tudo o que acontece conosco, nem mesmo com quem vive perto da gente. Tenho para mim que os bastidores nos moldam. Nunca esquecemos o que vivemos atrás dos palcos.

De fora, parece fácil, mas são os desafios que nos ensinam grandes lições. Não estamos aqui para analisar a dor do outro. Cada um tem a sua.

"A pessoa que está sofrendo sempre pensa que é a maior sofredora de todas. Mas há outras pessoas que estão sofrendo e está doendo nelas também", lembro que ouvi de um conhecido.

Essa frase, apesar de não ter sido a minha cura, fez com que eu enxergasse a vida com mais leveza. Embora as pessoas soubessem o que aconteceu comigo, sempre fui mais reservado. Por isso, vejo este livro como a oportunidade de mostrar o que acontece quando ninguém está olhando. Pode parecer que a luz no fim do túnel não existe, mas é possível superar o que passamos.

Se vemos somente o que está de fora, a grama do vizinho é sempre mais verde. Considero cada dia um capítulo novo de minha história e, mesmo com toda a bagagem que me trouxe até aqui, já ouvi de muitos conhecidos que eu não tenho do que reclamar ou que é impressionante como as coisas só dão certo para mim. "Você tem uma vida boa, tem sorte e sucesso. Queria ser você."

Em primeiro lugar, nunca queira ser alguém que não seja você. Cada pessoa é única, da identidade à impressão digital e ao DNA. "Quando você entender quem Deus te chamou plenamente para ser, você não vai querer ser ninguém além de si mesmo", ouvi do pastor Bill Johnson.

> *Deus tem infinita misericórdia para ir além do que pensamos. E mais, Ele não depende de ninguém para realizar o que quer. Ele conta com nossos dons para fazê-lo.*

Ninguém pode exercer o papel destinado a você. Até podemos demorar a entender essa grande verdade, mas, depois que compreendemos quem viemos ser na Terra, não há quem nos faça duvidar disso.

Ainda hoje, estou tentando me aproximar ao máximo de mim mesmo. Quero me conhecer mais e ser fiel a quem eu sou. Recentemente, preguei algo que pode parecer simples, mas me impacta sempre que penso:

— Eu vou ser eu!

Até na pregação, preciso exercer a minha personalidade. Não preciso imitar o jeito de pregar de outras pessoas. Se, ao expor a palavra de Deus, eu tiver o aguçamento para ensiná-la, vou fazer dessa maneira. Para quem foi professor, como eu, fica muito difícil não contextualizar um versículo bíblico, por exemplo.

Hoje, percebo que fico muito feliz mesmo dias depois de pregar. Ao sermos nós mesmos, deixamos uma marca. Não há nada comparado ao fato de aceitarmos quem somos.

Fiz isso com meus filhos também. Veja, há campos profissionais de renome, os mais clássicos, como medicina, engenharia, direito etc., mas deixei que eles escolhessem o que queriam ser. Tenho que deixar que eles escolham o rumo de suas vidas. Vou apenas dar as condições para que eles o alcancem. Uma se formou em design de moda; e o outro, em tecnologia da informação. E ganham suas vidas assim.

Além disso, aprendi muito com um colega com quem trabalhei, muito bem-sucedido. Quando novo, ele teve sérias dificuldades familiares. Mesmo assim, diz que não dá para se vitimizar, porque sempre há uma oportunidade. Hoje, até ao se preparar para concursos, inclusive das carreiras típicas de estado (juiz, promotor, defensor público etc.), existe muito material gratuito. Isso é oportunidade!

Sei que é desafiador. Olho para algumas pessoas e vejo que apresentam dificuldade de evolução em sua vida e permanecem as mesmas por muito tempo, sem nenhuma mudança, carregando os mesmos problemas. Em condições normais, não é possível que daqui a dez anos minhas questões sejam as mesmas de hoje! Se forem, fica claro que não estou avançando.

Precisamos estar em constante evolução. Todos podem mudar e chegar até seu potencial máximo. Como seres humanos e filhos de Deus, é essencial que a gente evolua para ser quem Cristo deseja que sejamos.

Não que eu tenha alcançado esse potencial, mas, como diz o apóstolo Paulo, é isso que busco regularmente.

❖❖❖

Jesus é o caminho, a verdade e a vida, ninguém vai ao Pai senão por Ele. Eu diria a vocês que, sem Ele, eu com certeza nada seria. Foi Ele quem me deu a recuperação de que precisava, que me fez enxergar o que era necessário para que eu melhorasse, que me deu um grupo de pessoas maravilhosas para caminhar lado a lado. Se não fosse por Ele, eu não estaria mais vivo. E, se estivesse, seria um errante.

Até curtir a própria companhia é importante. Eu sou do tipo intimista, converso sozinho e me dou bem com quem sou. Minha esposa já está acostumada, há dias em que eu a aviso e vou para um hotel passar um ou dois dias com meus livros. É uma experiência maravilhosa. Sempre volto renovado. O que não me impede de reservar um tempo para me encontrar com família e amigos. Preciso de pessoas e preciso me encontrar com elas. São partes do reino de Deus, independentemente de serem cristãs ou não.

As coisas ocultas são para Deus, e as reveladas, para nós. Tantas coisas aconteceram em minha vida, e eu só entendi o porquê muito tempo depois! Há também situações que vivemos que só vamos entender quando nos encontrarmos com Jesus, no céu. Ainda assim, acredito que tudo o que vivi fez parte da minha cura.

Se você procurar na Bíblia, Pedro negou Jesus três vezes. Porém, quando o Mestre ressuscitou, um anjo pediu às mulheres que foram visitar o túmulo para dizer aos discípulos e a Pedro que ele estava seguindo adiante deles para a Galileia. Eles estavam em Jerusalém, que fica mais ao sul. Jesus fez questão de ressaltar Pedro em sua fala, já que ele não se sentia mais um seguidor após negá-lo.

Também neguei Cristo, mas, apesar de eu não compreender por que, Ele me perdoou. O projeto dEle conosco continua e Ele não desiste de seus filhos. O caminho pode ser longo, mas temos que continuar andando.

Muito não sabemos. Eu mesmo ainda estou descobrindo uma série de coisas sobre a vida e o ministério, todo dia é dia de novidade. Posso ser um homem comum na vida cotidiana, mas Jesus achou que era importante me salvar. Se os remédios tivessem parado meu coração, não teria minha família hoje.

Vejo meus filhos ajudando outros seres e sei que, se não estivesse aqui, eles também não estariam — mesmo que um deles não seja biológico, mas não menos importante e repleto do nosso DNA emocional, espiritual e afetivo.

Sou uma pessoa dos bastidores, gosto de grupos pequenos, de células e, principalmente, de discipulado. Não consigo ficar só com o culto, preciso me reunir em números menores para que ninguém seja mais um na multidão. A pessoa que está ao meu lado precisa ter nome. E sei que isso faz diferença para quem vive.

As coisas que seguiram o episódio, como a adoção de minha filha e a restauração do relacionamento com meu pai, não teriam ocorrido se tudo não houvesse acontecido exatamente como foi. Fico feliz por pessoas a quem dei os primeiros ensinamentos bíblicos e agora são pastores que ajudam a mudar a vida de outros.

Pode ser que você que está lendo ache que não há nada demais nisso, uma vez que não tenho fama ou um vídeo com milhões de compartilhamentos, por exemplo. Mas, se nos meus bastidores eu tornei o mundo um pouco melhor, já entendo a razão de não ter me despedido deste plano anos atrás.

Fora dos holofotes, tenho tentado me tornar alguém melhor sempre, que vive o bem e procura ajudar quem pode, como pode. Para mim, foi para isso que eu vim e continuei aqui. Nada a mais e nada a menos!

VERBO E VIDA

Livros são fontes inesgotáveis de conhecimento. Em meu ministério, aprendi muito com eles. Na vida, então, nem se fala. São tão essenciais, que podemos reler a mesma obra e aprender coisas diferentes a cada nova leitura.

Para este capítulo, gostaria de indicar o livro *Espiritualidade Emocionalmente Saudável*, de Peter Scazzero. De acordo com a sinopse, Peter Scazzero aprendeu a duras penas que não se pode ser espiritualmente maduro enquanto se permanece emocionalmente imaturo. Embora pastor de uma igreja em crescimento, ele fez o que faz a maioria:

- Evitar conflito em nome do cristianismo.
- Ignorar a raiva, a tristeza e o medo.
- Usar Deus para fugir de Deus.
- Viver sem prestar atenção aos limites.

No final, Deus o despertou para uma integração bíblica de saúde emocional, relacionamento com Jesus e práticas clássicas de espiritualidade contemplativa. Isso criou nada menos que uma revolução espiritual, transformando profundamente ele mesmo e sua igreja. Nesse livro, Scazzero esquematiza sua jornada e os sinais da espiritualidade emocionalmente saudável. Ele fornece sete formas bíblicas de exame da realidade para prosseguir em uma verdadeira revolução cujo propósito é Cristo para você. "A combinação de saúde emocional e espiritualidade contemplativa", diz ele, "libera o Espírito Santo dentro de nós para que possamos conhecer de forma experimental o poder de uma autêntica vida em Cristo." (Peter Scazzero, United Press, 2013)

VIAGENS (IN)COMUNS
Eu cresci muito para ocupar aqueles espaços

Já citei essa viagem anteriormente, mas gostaria de revisitá-la aqui com maior riqueza de detalhes. Em 2015, eu, Alessandra e Belinha, minha filha, fomos para os Estados Unidos. Meu outro filho, Paulinho, não pôde ir, pois estava cursando sua faculdade. Eu precisava de um descanso.

— Vou tirar dois meses seguidos para sair daqui — decidi.

Nos primeiros trinta dias, fomos para Nova York, Memphis, Tennessee e Orlando. Foi muito gostoso o tempo que passamos juntos. No segundo mês, eu desejei visitar a cidade onde morei quando adolescente. Minha esposa e filha voltaram para Recife, e eu fui sozinho a Salem.

Fui lá em busca de minhas origens. Revisitei as famílias e os locais que frequentava. Eu não sei se você, já adulto, visitou lugares a que ia quando criança. Tudo parece menor. Foi isso o que senti. Poxa, pensei que fosse diferente!, ponderei. Quando contei à minha mãe, ela disse:

— Não foi o lugar que encolheu, meu filho. Você quem cresceu.

Mesmo que não fosse mais tão pequeno, sempre me questionei por que não continuei morando nos EUA. Essa viagem foi minha resposta. Talvez, se tivesse estendido minha estadia, eu tivesse terminado o ensino médio, entrado em um emprego que me satisfizesse e vivesse assim até hoje.

Eu precisei voltar porque foi em Recife que Deus me colocou e extraiu todo o meu potencial. Nesse lugar, transformei minha dor em ministério, não em desgraça. Foi no Nordeste do Brasil que cursei a minha faculdade sem custos, que convivi com a família que Deus escolheu para mim, que conheci minha esposa e criei meus filhos. Deus me plantou e regou aqui.

Alguns lugares são emocionantes de visitar. Principalmente aqueles em que já vivemos e que agora estão em nossas memórias. Às vezes, na vida, podemos nos perder de quem somos, mas graças a Deus que é Ele quem nos define.

Li muitos livros nesse período e aproveitei muito a minha solitude. Trinta anos depois, voltar lá foi o fechamento para eu entender por que não havia ficado. Se pudesse parafrasear alguém, citaria as palavras de minha mãe:

— Eu cresci muito para ocupar aqueles espaços.

E fiz isso aqui mesmo, no Brasil.

SEM PÚLPITO

CAPÍTULO 4

SONHOS: SEM TROMBETAS, COM TRABALHO

Os sonhos incomuns nos levam aos sonhos comuns.

"Se não puder voar, corra. Se não puder correr, ande. Se não puder andar, rasteje, mas continue em frente de qualquer jeito."

Martin Luther King Jr.

Muitas vezes, vivemos situações sem perceber que estamos diante de algo que vai mudar e definir nossas vidas. Damos um passo, saímos de casa, optamos por um curso e subitamente temos milhares de portas abertas por nossas decisões tomadas.

O tratamento psicológico e psiquiátrico que iniciei em 1986 foi essencial para que me recuperasse. Eu estava no fundo do poço, o episódio da rodoviária havia deixado isso bem claro para mim. Quando voltei para Recife, sabia que precisava fazer algo a respeito. A terapia foi uma etapa que me transformou, além do acompanhamento psiquiátrico.

— Como o senhor sabe que estou melhorando? — perguntava ao médico.

Ele simplesmente pedia que descrevesse no papel minha semana e então me mostrava o quanto eu já organizava melhor meus pensamentos em relação ao dia a dia e aos planos de vida.

No início, quando alguém sentia preocupação, me perguntava como eu estava, respondia que não estava bem, pois era como me sentia. Em certo ponto do tratamento (e por que não dizer da história?), comecei a sentir vergonha de me sentir sempre do mesmo jeito. Por isso, passei a dizer:

— Estou melhor — mesmo quando não era verdade.

Ainda que da boca para fora, essas afirmações foram importantes para minha recuperação, pois, meio sem querer, comecei a mudar meu foco. E, com ajuda e cuidado, logo comecei a melhorar realmente.

Não há uma fórmula mágica para a cura. Por isso, eu sempre digo que devemos utilizar todos os recursos à nossa disposição.

Não tenha uma imagem engessada do que é saúde mental. Procure médicos, terapeutas, recursos espirituais, oração, leituras. Hoje, até o trabalho com coach me faz bem e leio muitos livros sobre inteligência emocional.

Quando dei por mim, comecei a sentir uma vontade muito grande de voltar para a faculdade. Mas, infelizmente, achei que havia perdido minha vaga. Sempre pensava sobre isto: qual seria o meu próximo passo? Foi durante a virada daquele ano que meus avós paternos me disseram:

— Dino, temos uma amiga que é secretária na Universidade Federal. Vamos lá?

Surpreendentemente, quando chegamos lá, ela nos disse o que eu jamais teria imaginado:

— O curso está mantido, porque a última matrícula foi feita no primeiro semestre do ano passado. Mesmo após o abandono no meio do primeiro semestre, ele ainda teve vínculo com a instituição ano passado, então pode retomar o curso sem repetir o vestibular. Só perde o vínculo quem não renovar a matrícula no começo do ano.

O incentivo deles foi essencial para me tornar quem sou hoje. Sem que eu percebesse, a minha crise também havia me levado a um novo rumo, de maneira mais harmônica, fluida e feliz. Em meu tratamento psicológico, Jesus me tocou.

Nos três primeiros períodos de estudo, os quais cursei antes da crise, fiquei um pouco perdido. Estava acostumado com a escola e suas regras rígidas, mas no ensino superior é diferente. Na faculdade, é cada um por si, há uma necessidade de ir além do óbvio, cada um realmente "faz" seu curso. Quando retornei, já havia aprendido a lição.

Já que você vai estar lá, extraia o máximo de conhecimento que puder. Não brinque nas aulas, assista a todas, copie, era o que meu coração dizia. A partir de então, foram sete períodos muito bem-sucedidos.

Tenho certeza de que foi o Espírito Santo que me orientou a estudar do jeito correto. Quando vi, meu caderno de anotações era cobiçado entre os colegas, a ponto de tirarem cópia. Antigamente, eu achava que o fato de ter um QI alto era tão importante que chegava a definir o sucesso de alguém. Depois de minha restauração interna, percebi que a questão intelectual é apenas uma parte da vida, existem outras inteligências que possuímos e que podemos acessar.

Eu, que achava que sabia muito, precisei de humildade para entender que não era o dono da verdade. Passei a ouvir mais as pessoas ao meu redor e me permiti aprender com elas. Continuei a caminhada cristã e permaneci frequentando as celebrações de uma nova denominação, que enfrentei com menos extremismos.

Essa nova comunidade dava muita ênfase a relacionamentos, por isso ouvi de um dos pastores algo que me impactou muito e de que lembro até hoje.

"A questão do Dino é problema da alma."

Foi a primeira pessoa que me deu uma luz forte sobre minha tribulação. Meu problema era tanto espiritual quanto psicológico. Nesse momento, eu entendi.

VIAGENS (IN)COMUNS
Cemitérios não são lugares para os sonhos pousarem

Em 1991, fui com o grupo de irmãos da igreja para um congresso em Brasília. Vi, com meus próprios olhos, um movimento fortíssimo de louvor e adoração, como eu nunca tinha visto! Era nítida a revelação de Deus.

Além disso, ganhei uma grande oportunidade de socializar com mais pessoas, inclusive de denominações diferentes, e algumas da minha própria, mas de regiões distintas. Consegui enxergar que as igrejas de nossa região exigiam muitos usos e costumes, enquanto as mesmas denominações não exigiam quase nada em Brasília. Isso, por si só, serviu muito para abrir minha mente.

Havia um pastor chamado Myles Munroe, já falecido, que, em uma pregação, falou que o lugar mais fértil da terra era o cemitério. Porque ali, enterrados, havia canções nunca compostas, livros nunca escritos, negócios nunca abertos, em suma, sonhos não realizados. As pessoas levavam aquilo para os túmulos e não os colocavam em prática. Ele dizia:

— Não deixe os seus sonhos morrerem. Não deixe morrer aquilo que está em seu coração. Pegue o que Deus colocou ali e exponha ao máximo.

Voltei e nunca me esqueci. Algumas palavras do Senhor parecem ser gravadas em nosso coração.

⁂

Depois de voltar dos Estados Unidos e já ter passado por esse perrengue inicial, tive um sonho em uma noite de 1988.

— Vá a essa escola. Eu tenho um emprego para você lá, como professor de inglês — Deus me dizia durante o sono, de forma nítida e clara.

Acordei impactado com a vividez, o sonho havia sido extremamente cristalino. A tal escola existia, e eu não tive nenhuma dúvida de que havia escutado a voz do Senhor falando comigo. Ainda assim, esperei uma semana para tomar qualquer atitude.

Era uma escola de alto gabarito e nível de excelência. Meu pai conhecia alguém no local e, através desse contato, conseguiu marcar uma entrevista com a dona da escola. No final da reunião, como se estivesse confirmando meu sonho, ela me disse:

— Olhe, vou fazer uma coisa que nunca fiz com ninguém. Você é "crente", e Deus vai te abençoar! Eu gostei de você. Não passou por nenhum treinamento, mas fale com aquela professora para que ela te ajude — ela apontou uma outra moça. — Sua primeira aula é amanhã.

Assim iniciaram os meus próximos quase dez anos naquela instituição. Em termos de segunda língua, eu cheguei ao nível máximo em proficiência em inglês para estrangeiros, à época; inclusive, fazendo o CPE, Certificado de Proficiência em Inglês, em tradução livre.

Só deixei de ensinar quando passei em meu primeiro concurso. A dona da escola, uma das filiais de uma grande organização educacional da cidade, veio até mim e disse que as aulas de inglês que deixei de dar por lá foram uma perda para a escola. Nessa época, havia turmas em que o nível de desistência dos alunos chegava a 20%. Durante a maior parte do tempo em que lecionei, o nível de desistência de minhas aulas ficou em torno de 5%.

A melhoria da língua e da condição econômica foi notória na minha vida. Dar aula me trouxe grandes oportunidades. Foi assim, inclusive, que comprei meu primeiro carro. Minha mãe ia vender seu fusca e o ofereceu para mim por um preço diferenciado.

Lecionar mudou toda a minha vida, na verdade. Consegui me casar justamente com o que ganhava como professor. Calculei e vi que ficaria apertado, mas, mesmo assim, seria possível iniciar a vida a dois que tanto queria com minha esposa.

Além disso, com o trabalho nessa área, passei a ter mais conhecimento e socialização. As turmas eram compostas por oito a dezesseis pessoas, de idades diferentes. Ensinei adolescentes e adultos. Não é fácil lidar com salas de aula, mas aprendi falando pouco, deixando que os alunos falassem mais e os incentivando.

Em todo o tempo, mantive a disciplina e a animação, características que já apareciam no ministério que exerci na igreja depois: a liderança de pequenos grupos. Durante os dez anos de escola, fui treinado justamente na condução de salas, pequenos ajuntamentos de gente. Nada é por acaso.

Se me perguntassem como saber se um sonho é premonitório ou uma catarse do inconsciente, acho que me apegaria à intensidade com que sonhei, mas, ainda assim, é muito relativo. É necessário entender o que se sonhou, sem que haja nenhuma dúvida, e ver aquilo fazer sentido em seu coração.

Tem avião que se transforma em barco, barco que vira avião... e, embora seja comum vermos coisas sem sentido enquanto sonhamos, esses sonhos premonitórios costumam ser diferentes. Dificilmente eu os tenho. Mas a forma como acordei daquele foi especial, havia um local específico, que ficou martelando em minha cabeça depois.

Se você tiver um, não o ignore. Se houver algo pragmático e, obviamente, lícito para fazer, vá e faça. Assim, você vai perceber se há uma direção de Deus. Quando eu fui à escola, o sonho se cumpriu. Se não tivesse conseguido, eu teria dito que havia sido um sonho qualquer. Acho que essa é a grande diferença.

> *Ao receber um sinal, em primeiro lugar, coloque o controle de sua vida nas mãos d'Ele: — Pai, minha vida está nas tuas mãos, guie tudo o que for acontecer!*

Depois disso, enfrente o necessário. Caminhe. Aja. Seja prático. Se for do Senhor, vai acontecer. Meu filho costuma usar uma frase de que eu gosto muito: "Pai, ou eu ganho ou aprendo".

Tente pensar como ele. Ou seja, se pegar um atalho e não for o caminho certo, aprenda com o erro. Volte atrás.

> *Podemos não lembrar disso enquanto vivemos, mas não há nada que aconteça que Deus já não saiba.*

Na verdade, acredito que seguimos um roteiro invisível para nós humanos. É por isso que sonhos incomuns — e até mesmo os comuns — podem nos levar diretamente para a nossa vocação.

É importante notar que nosso dom é quase sempre algo já relacionado conosco. Quando eu fui até aquela escola, ainda não sabia. Mas viajar aos Estados Unidos e aprender sua língua, na qual já tinha proficiência, era algo que combinava comigo.

Dessa forma, ensinar inglês tinha total relação com minha habilidade e com a minha necessidade de ler e ensinar quando já convertido e à frente de grupos na igreja. Quando liderei, não foi estranho. Fez sentido. Faça sentido.

•••

Eu acredito que Deus fala conosco através de sua palavra diariamente, mas não posso colocá-lo em uma caixinha. Deus é soberano e pode se comunicar conosco da maneira que Ele quiser.

Não tenho sonhos constantes como José do Egito, mas já aconteceu comigo algumas vezes, em momentos específicos. Na verdade, conto nos dedos das mãos os sonhos que me deram alguma direção.

Às vezes, temos aspirações que nos fazem pensar: *ah! Quando eu tiver mais tempo, ou mais tarde.* Ao me aposentar, achei que viveria um período assim. De repente, vi-me num dilema: eu e minha esposa moraríamos em Brasília ou continuaríamos em Recife?

Não custa seguir a dica, a impressão ou o sonho e tocar adiante. Em outubro de 2021, fomos até a capital do país para passar um mês. Durante esse período, tive dois sonhos.

Não me lembro bem do primeiro, mas, no segundo sonho, eu estava deitado debaixo de um edredom curto, que não cobria 100% do meu corpo, e, por isso, meus pés ficavam para fora na cama. Um bode caminhava até mim e puxava a minha coberta. Para mim, era clara a mensagem de que não devíamos nos mudar.

Não sei se ficou claro para você, mas é significativo que um ser geralmente envolto em tantos simbolismos como o bode veio e tirou minha cobertura. Como se Deus dissesse que ali eu não estaria coberto, pelo menos não naquela época (não sei o que acontecerá no futuro).

E, apesar de termos muitas diferenças de conceitos com os membros de nossa denominação, foi nessa viagem que fui coberto de um amor muito grande por aquelas pessoas. Por isso, ouvi minha esposa e o meu coração, e voltamos para casa.

É essencial que não mistifiquemos tudo o que vivemos. Por exemplo, "Tudo é um sonho divino".
É perigoso acreditarmos em tudo o que nosso inconsciente nos propõe.

Sobre esse tema, observe que já fui a diversas reuniões em que se viam demônios em todo canto.

— Ah! Estou vendo um demônio bem ali.

Sem desacreditar, mas não crendo totalmente, eu pensava: *Rapaz, se for... Eu não estou vendo nada aqui. Está tudo bem.*

Recentemente, foi realizado um trabalho de perfil comportamental na igreja em que congrego. Uma das coisas reveladas no meu tipo de personalidade é que sou uma pessoa que precisa entender os porquês.

Para mim, é muito difícil compreender quando algo é extremamente místico. E acredito que isso se deve às experiências que vivi. Não chego a ser como Tomé, mas oro:

— Pai, tenha misericórdia de mim e me confirme quando acontecer. Que a coisa seja bem clara.

> Por isso, creio em uma vida cristã única, um evangelho que influencia e transforma todas as áreas da vida. Não há uma parte espiritual separada do restante.

Talvez você estranhe um pastor dizer isso, mas o falar de Deus vai além do púlpito e das pregações. Uma vez ouvi um bispo dizer que o púlpito é somente 15% do ministério. E eu concordo com ele.

A Bíblia é a palavra de Deus e contém tudo o que é necessário para a salvação. Apesar de grande e antiga, ela não parece antiquada, tampouco alivia seus heróis. É a minha fonte de inspiração.

Não obstante, Deus também fala de todas as formas. Ele confirma no coração, pelo espírito. Conversa por sonhos. Alerta-nos para uma música que toca de repente. Também ouvimos a voz de Deus no contato com a natureza. Uma conversa com um amigo...

Em todas as maneiras, porém, fique atento, pois Deus nunca vai contradizer a Sua palavra.

❖❖❖

Quando minha filha foi fazer faculdade, meu coração de pai queria que ela fizesse direito. Ela quis cursar design de moda. "Faça o que você quiser, contanto que se forme", eu disse.

Hoje, ela está graduada. Entendo que Deus fala também através de algumas figuras de autoridade. Por isso, enxergo aquela cerimônia de formatura de maneira altamente espiritual. Ao dar o diploma para minha filha, a reitora disse:

— Na autoridade que me foi outorgada. Por quem? Pelo Estado, mas, obviamente, por Deus também.

Essas palavras tiveram um impacto muito grande na vida de minha filha. Formar-se a marcou, ela chorou até. Antes, não enxergava a dimensão do que era uma formatura, achava que era coisa banal. Na verdade, foi uma experiência espiritual, tocou a sua alma.

Deus tem várias formas de se revelar. Inclusive, através das palavras de uma reitora durante uma celebração de formatura. É muito bonito quando percebemos isso. Eu aprendo e gosto de aprender com tudo. Até com sonhos, se for o caso. Mas sempre há de se ter uma confirmação.

A verdade é que, em termos de caminhada, eu prefiro pensar que há sempre um passo de cada vez. Já disse antes e repito, nas palavras atribuídas a Martinho Lutero: "não sei por quais caminhos Deus me conduz, mas conheço bem o meu guia".

VERBO E VIDA

Não poderia deixar de indicar livros concomitantes e tão relacionados com tudo sobre o que abordei neste capítulo.

O primeiro é o *Há Poder em suas Palavras*, de Don Gossett. Em segundo, vem o *Vida Cristã Normal*, de Watchman Nee, infelizmente já esgotado, mas podem-se encontrar exemplares já usados. E o terceiro é mais voltado à questão terapêutica, o *Ponha Em Ordem Seu Mundo Interior*, de Gordon MacDonald. O quarto é *Como Compreender Seu Potencial*, de Myles Munroe.

NOS BASTIDORES
Me olho... e vejo seus traços em mim!

Também ela, que chegou para completar a família, para alegrar nossas vidas, dá o seu depoimento. Com a palavra, minha filha mais nova, Isabela Wanderley:

Viver com Dino é viver com o amor. Tê-lo como pai é a certeza de que, em todos os momentos, terei alguém torcendo pelo meu sucesso, me ajudando e guiando sempre que preciso. Pois ele é pura doação pelo desenvolvimento do próximo.

Tenho tantas memórias de viagens, momentos em família e tempo juntos! Até hoje, aprendo muito com meu pai. Ele me ensinou a ser uma pessoa muito honesta e sincera. Mesmo em situações não favoráveis a mim, sempre trabalho com a verdade, pois cresci vendo-o exatamente assim, com um caráter íntegro.

Meu pai sempre serviu às pessoas e esteve disposto a ajudar ou fazer o que fosse preciso pelo bem do outro, sem esperar nada em troca. Ser e estar presente é também uma de suas grandes virtudes, porque ele faz questão de estar perto, conversar e ouvir o que temos a dizer. É uma pessoa que ama trocar experiências e viver. Por isso, atribuo a ele um dos grandes ensinamentos que carrego comigo: o de aproveitar o tempo com aqueles que amo.

Muitas vezes, olho-me e vejo traços de meu pai. Não só porque amo comer, como ele, ou porque, quando me chateio, gosto de ficar sozinha. Mas por vê-lo sempre receptivo e dedicado à família. Hoje eu amo receber pessoas em casa e viver o cotidiano com quem gosto. Simplesmente por ser quem é, ele me ensinou a ver o amor nos detalhes e a valorizar o simples e trivial, mesmo com muitas outras grandezas terrenas.

Pai, sei que nem sempre falo, mas sou muito grata por tê-lo em minha vida. Eu sou quem sou por você. Obrigada por me inspirar e me incentivar a crescer e a buscar ser a minha melhor versão. Eu te amo! Hoje e sempre.

Com eterno carinho,
Isabela Wanderley, sua filha

CAPÍTULO 5

ENCONTRO: SEM NINHO, COM ASAS

Quando o encontro incomum encontra os relacionamentos comuns.

"Eu segurei muitas coisas em minha vida e perdi tudo; mas tudo que eu coloquei nas mãos de Deus eu ainda possuo."

Martin Luther King Jr.

Hoje sei com certeza que a minha tentativa de suicídio foi um compilado de várias situações, que me trouxeram traumas e sentimentos com os quais não consegui lidar de uma boa maneira.

Uma dessas situações foi o término de um relacionamento que tive com uma moça da igreja. Meus pais se separaram, e meu primeiro namoro de verdade fracassou, por isso, até então, eu não tinha nenhuma referência bem-sucedida de um relacionamento amoroso saudável.

Nessa época, fui a um retiro e ouvi a pregação de um pastor que falou diretamente comigo. Ele explicou que Adão procurou uma semelhante entre os animais e não encontrou, então percebeu que era o único de sua espécie. Deus deu sono a Adão e tirou uma parte dele para criar Eva, então o pastor disse:

— Olhe, enquanto ele estava procurando, estava ansioso, não encontrou. Então, é interessante que você descanse. O sono de Adão significa descansar em Deus, então o faça, pois a iniciativa virá dEle.

Esse discurso foi muito forte para mim e até hoje, mesmo com a idade que tenho, consigo ouvir em claro e bom som o que Deus havia me dito: "Não tome a iniciativa. Deixe".

Falar sobre isso hoje é mais fácil do que viver essa experiência, na época. No auge de minha juventude, quando ainda tinha cabelos, sendo professor de inglês e sempre comunicativo, eu era muito assediado.

"Não tome a iniciativa, quero que você se segure, porque Eu sei quem irei te trazer", dizia-me a voz de Deus intimamente. Eu não sabia por quanto tempo mais isso iria durar. Hoje sei que foram dois anos, um período bem considerável. Nesse ínterim, claro, conheci algumas pessoas, mas fui sempre firme em dizer:

— Desculpe, ainda não estou pronto. Por ora, estou tentando me concentrar em ser uma pessoa melhor.

> *Decidi que não somente queria encontrar a pessoa correta, como também queria eu mesmo me tornar essa pessoa para alguém.*

Como já havia experimentado dificuldades que quase me levaram à morte, decidi que faria as coisas de maneira acertada. Por isso, passei a buscar muito conhecimento interior. Eu seria a pessoa certa para minha esposa — quando finalmente a encontrasse.

❖❖❖

Depois desse período, passei por uma situação um tanto quanto peculiar. Você por acaso já conheceu alguém que te conheceu primeiro? Deixe-me explicar as voltas que a vida dá.

Quando era mais novo e fui para os Estados Unidos, fiquei na casa de um rapaz que mais tarde veio fazer intercâmbio no Brasil. Anos depois, ele se casou com uma pernambucana em nosso país.

Obviamente, a cerimônia aconteceu no estilo americano. Eu era um de seus padrinhos, juntamente com Som, o irmão de Alessandra, então um dos melhores amigos do noivo. Foi ali que ela me viu:

— Som, quem é esse? — perguntou ao irmão, interessada.

— Esqueça, esse aí é Dino, é da igreja — ele respondeu. Eu não soube dessa conversa por bastante tempo e tampouco a vi naquele dia.

Passou-se cerca de um ano até que encontrei, dentro da igreja que frequentava, essa moça muito, muito bonita!

— Oi. Eu sou a irmã de Som — ela se apresentou a mim.

Sem que soubesse, havia me preparado para conhecer Alessandra.

Começamos a conversar muito, claro, com aquele interesse mútuo. Um tempo depois, meu pastor me ligou:

— Tem uma pessoa que está gostando de você.

Assim, a palavra se cumpriu! Não fui eu que tomei a iniciativa, o pastor quem me ligou e disse isso. Mas confesso que, quando ouvi suas palavras, sabia que era para ser, e tudo apenas se confirmou dentro do meu coração.

O sentimento entre nós se intensificou, até começarmos a namorar.

Nessa ocasião, fui falar com ela e marquei de ir até sua casa, que era em um bairro um pouco afastado do meu. No mesmo dia, enquanto estava a caminho, faltou luz naquela localidade inteira. Na época, não tinha celular para avisar qualquer coisa. Sem saber direito a localização, passei um quilômetro do endereço.

Encontrei um orelhão na rua e liguei para ela. Depois, soube que havia umas seis irmãs orando pelo nosso encontro, veja só. Começamos a namorar, noivamos em um ano e, dois anos depois do noivado, nos casamos.

Por mais que eu tenha tentado me preparar, é óbvio que nenhum relacionamento é perfeito, tampouco foi o meu. Isso porque, inevitavelmente, são dois mundos totalmente diferentes que colidem.

Entretanto, posso dizer que o namoro foi extremamente bom, cheio de felicidade, e bem difícil ao mesmo tempo. Nas dificuldades e lutas, recorri a irmãos da igreja. Eu agradeço bastante a eles, porque me abri e encontrei pessoas que me ajudaram.

Quem busca alguém ou está à espera, precisa ver três aspectos se encaixarem, como uma certificação de que aquele relacionamento terá chance de prosperar: o mundo espiritual, o físico e o emocional (temperamento e intelecto).

Comigo e com minha esposa, felizmente, as três coisas se complementaram.

Costumo pensar que o casamento entre pessoas de religiões diferentes é complicado, pois os objetivos de vida normalmente divergem. Quanto ao temperamento, é através dele que você verá a compatibilidade entre o casal, pois é isso que mexe com nossos sentimentos. E o físico é o mais clichê, mas ainda verdadeiro, afinal de contas, o que você vê na pessoa precisa te agradar.

Outro ponto importante é a parte da educação formal, o lado intelectual, pois é assim que você vai conversar com o outro, se fazer entender e vice-versa. O que vale para um lado, afinal, vale para o outro também.

•••

Meus pais sempre criaram expectativas altas para seus filhos. Após se separar, minha mãe se autossustentou, conseguiu vencer na vida, formar uma carreira, e isso tudo enquanto criava a mim e as minhas irmãs, sempre muito independente.

Meu pai se importava bastante com estirpe, o famoso *pedigree*. Assim, a postura inicial dos dois em relação a meu relacionamento com Alessandra foi de recusa, devido ao que haviam vivido, e eu até consigo entender a situação hoje.

Na visão de minha mãe, ainda que estivesse cursando economia, Alessandra era acomodada e, segundo meu pai, faltava-lhe o tal do *pedigree*. Com essa rejeição dos dois *no início*, nosso relacionamento enfrentou dificuldades e resistência logo de cara. Mas foram obstáculos que fomos driblando juntos.

Desejávamos muito nos casar, mas eu tinha medo de não conseguir prover o sustento financeiro, haja vista os desafios de manter a família como professor, uma profissão tão honrosa, mas pouco reconhecida. "Me caso?", questionava ao pessoal da igreja. Juntos, eu e ela fizemos as contas e vimos que era possível.

❖❖❖

Em 1990, formei-me em direito, e noivamos logo depois. Começamos a comprar as coisas e, em 1991, marcamos a data para meados de 1992. Muito do incentivo vinha da família da noiva; minha sogra nos ajudou bastante.

Nessa época, eu estava sem carro, pois o havia vendido para investir em minha própria escola de inglês, que não prosperou. Uma semana antes do casamento, meu avô me deu um carro usado, um fusca com o tanque furado (descobrimos depois), que quebrou o galho e nos ajudou muito.

Foi uma festa muito simples, mas, para ser bem sincero, importo-me muito mais com o interior das coisas.

> *Em tudo, quero a essência. Se com Cristo foi assim, não queria nada diferente em meu casamento.*

A vida que levo com minha esposa sempre foi abençoada, mesmo nos momentos mais difíceis. Recordo-me de nós dois bem mais novos, acordando e saindo para trabalhar. Eu dirigindo o carro que havia ganhado de meu avô, levando minha esposa para o meio do caminho, até o ponto de ônibus, onde ela pegaria outro transporte até seu emprego. Porém, após termos nos casado, nossa maior luta foi de fato a questão da expansão da família.

❖❖❖

Logo nos exames pré-nupciais, fiquei bem preocupado. O problema não era só a questão da quantidade, mas também da qualidade dos espermatozoides. Sendo acompanhado por um urologista, também confiamos nas orações. Com um ano de casamento, vieram as tentativas de concepção, mas o filho não vinha de jeito nenhum.

Vivíamos orando. Em um belo dia de 1994, estávamos viajando quando, pela manhã, antes de sairmos do quarto para a piscina, Alessandra ligou a televisão. Tínhamos acabado de orar com muito fervor e por isso paramos para prestar atenção naquele pastor, que também orava ao vivo no televisor:

— Olha, aquele pedido que vocês fizeram, por um filho, Deus vai atender. Fiquem tranquilos — disse o pastor na tela da TV.

Parecia que ele estava falando de nós! Estávamos para sair, mas mudamos os planos, acomodamo-nos e ouvimos a história, que era sobre um casal que não podia ter filhos e conseguiu conceber. Imediatamente veio a certeza de que também conseguiríamos.

Eu me lembro exatamente de tudo, como se fosse hoje. Semanas após esse ocorrido, fomos à clínica novamente. Eram os últimos exames, não havia nada mais a ser feito, nossa última gota de esperança. Então, escutamos do médico:

— Por este exame, não há mais como. A chance de vocês é praticamente zero. Inclusive, você precisa fazer a cirurgia de varicocele (popularmente conhecida como varizes nos testículos).

— Doutor, mas, para Deus, não há nada impossível — disse Alessandra.

Mal sabíamos nós que, naquele mesmo dia, naquele exato momento, ela já estava grávida.

❖❖❖

O mais engraçado é que, enquanto escrevo este livro, fui avisado de que serei avô! Minha nora nos mostrou que o teste de farmácia agora dá até as semanas de gestação. Atualmente, o teste de sangue também indica o possível sexo do bebê. Porém, na época da gravidez da Alessandra, o plano de saúde só dava direito a, no máximo, três ultrassonografias durante toda a gravidez. Os tempos mudaram bastante, e que bom por isso.

A questão é que, após dois anos de tentativas, a menstruação de Alessandra atrasou, e ela foi verificar. Eu estava na escola de inglês, dando aula, quando recebi sua ligação. Não havia celular, então fui atender na sala dos professores. Voltei tão eufórico, que falei para a sala inteira:

— Eu vou ser pai!

Foi uma felicidade enorme. Todo mundo aplaudindo na sala de professores!

Nós morávamos no terceiro andar, mas não houve problema algum com isso. Alessandra ia trabalhar de ônibus, voltava, subia as escadas, tomava as vitaminas. Estava supersaudável. Aos sete meses de gravidez, minha mãe chegou até mim e perguntou:

— Como está o enxoval do bebê?

— Não tem enxoval — respondi. E não tinha mesmo, porque não havia condições de comprar. Não tínhamos dinheiro sobrando.

Foi quando mamãe disse:

— Mas meu neto não vai ficar sem!

Assim, nunca nos faltou nada, porque a família chegou com as provisões. Na hora da real necessidade, eles estavam aqui conosco. A igreja e os grupos pequenos também se mobilizaram e deram muitos presentes.

No geral, foi uma gravidez tranquila. Paulinho nasceu no dia 2 de maio. Eu sou filho de médico, então nunca tive problema em assistir partos. Fiz questão de ir com minha mulher e vi acontecer a cesárea. Foi uma alegria indescritível! O milagre da vida é uma coisa que me tira as palavras, mesmo as escritas — deixa-me afônico e disléxico. Ele foi o primeiro filho, neto e bisneto da família. Sem dúvidas, foi um filho muito desejado.

Estava lá provado por exames que eu não podia gerar. Foi literalmente um milagre que, mesmo anos depois, me lembra da infinita graça de Deus. Considero outro milagre quando você chega a essa altura da vida, com mais de cinquenta anos, e pode ouvir de seu filho adulto e independente que você é o herói dele.

Deus sempre te dá a habilidade de fazer o que Ele quer que você faça.

Quando o pastor falou na televisão, entendemos que havia uma promessa. E quando ela vem, você deve fazer a sua parte. Entenda até onde cabe a você ir e onde começa a parte de Deus.

Mas a família ficou completa mesmo foi com a vinda de Belinha...

♦♦♦

Quando eu era mais jovem, ouvi uma pregação sobre o amor na quadra de um colégio de minha cidade. No final, o pastor disse que, se cada casal cristão adotasse uma criança, acabaria o problema dos menores sem família no Brasil.

— Se você se sentiu tocado, diga sim a Deus agora e se comprometa com Ele em adotar um filho ou filha, e a ser adotado(a) por este filho ou filha.

Eu tinha 22 anos, ainda nem conhecia a Alessandra, mas chorei durante a pregação inteira. Ali, firmei o compromisso com Deus de adotar um filho. Ainda assim, nunca fui uma pessoa cricri com isso. Eu sempre dizia a Alessandra:

— Vamos adotar um filho.

— Vamos, um dia — ela respondia.

Ainda que tivesse combinado isso com Deus, sempre entendi que era uma escolha que deveria partir dos dois. O casamento de meus pais me fez aprender de forma reversa, então já sabia bem como não deveria fazer algumas coisas. *Vou sempre respeitar muito a liberdade de minha esposa,* pensava. Por isso, de fato procurei não me impor sobre sua vontade.

Porém, eu sempre sugeria a ideia a ela, que me dizia: "um dia".

Depois de Paulinho, fizemos tudo que os médicos disseram que tínhamos que fazer. Passei pela cirurgia, e Alessandra fez estímulo hormonal. Orávamos muito. Mas não veio outro bebê por, pelo menos, dois anos.

Depois de duas fertilizações, finalmente, Alessandra engravidou, de gêmeos. Mas perdeu os bebês. Eu sabia que havia chegado o momento.

Em meados de 2001 ou 2002, eu disse a ela:

— Pronta, amor?

— Sim. Agora eu estou pronta para adotar.

Quando a vontade dela se uniu à minha, as coisas já pareceram mais fáceis. E, então, foi questão de saber esperar. Nos inscrevemos na Justiça e oramos muito, também. Finalmente, no ano de 2003, adotamos Isabela.

Em todas as situações, sempre buscamos ler bastante e nos informar bem. Por isso, fizemos todo o procedimento legal rapidamente. Não importa que Alessandra não tenha gerado Belinha na barriga, pois a gerou no seu coração. Lembro inclusive da lição do psicólogo Luiz Schettini Filho, que afirma que, em última análise, todos os filhos devem ser adotados, ou seja, recepcionados no coração dos pais, inclusive os biológicos. Há muitos filhos biológicos que não foram adotados por seus próprios pais. No caso de Belinha, sua vinda foi muito sonhada. A mesma felicidade. Nossa segunda filha.

Infelizmente, enfrentamos alguma resistência por parte da minha família, devido aos típicos tabus intergeracionais. Nem todos vieram visitá-la.

❖❖❖

Mas processos não vêm adornados só de flores, senão não seriam processos. Todas as concordâncias foram trabalhadas com paciência e espera. Enquanto casal, como fiz o compromisso com Deus, e Alessandra não, tenho para mim que Deus, atendendo ao desejo dela, permitiu que ela tivesse a oportunidade de passar pela maternidade, para que vivenciasse o estar grávida, o carregar um bebê e todas essas coisas que preparam a mãe para ser mãe.

— Filha, eu já te abençoei aqui. Agora o seu marido tem um compromisso comigo, e eu prezo a minha palavra. Você precisa anuir a esse compromisso — imagino Deus dizendo a ela.

Ele foi nos levando para esse propósito de uma forma suave. Nos inscrevemos nas listas e lutamos por nossa filha. Corríamos de um lado para outro angustiados, e a coisa não fluía. Chegou um momento em que dissemos:

— Senhor Pai, está em Suas mãos.

Não tinha mais nada que pudéssemos fazer. Até que, quando descansamos nEle, ela veio. *Mais uma vez: não fizemos nada e recebemos a ligação dizendo "sim, ela chegou".*

> Os nascimentos de meus dois filhos me fazem acreditar em milagres. Os dois foram frutos de promessas e pactos. A espera de ambos foi dolorida.

Sempre procurei ensinar todo o conselho de Deus, ressaltando sempre a minha humanidade e fragilidade, por isso, destaco aqui também que preciso regularmente fazer terapia, tomar remédio e me cuidar! Sei onde o calo me aperta na dificuldade. Também sei que não sou o mesmo de antes de meus filhos. Aprendi muito antes que viessem ao meu mundo e fui sendo polido no convívio com eles. Exatamente como sei que Deus planejou para mim.

❖❖❖

O início da vida é um ninho, um lugar de proteção para os primeiros anos. Falar que asas nos fazem voar é quase como chover no molhado. Eu arrisco dizer que asas são um instrumento de liberdade que ganhamos ao longo de nosso crescimento.

Durante o encontro familiar, nossa vida e cotidiano com nossa família, precisamos da segurança do lar e das possibilidades que os voos nos trazem. Eu crio meus filhos com a ideia de que, um dia, vou diminuir minha presença e deixar que eles se desenvolvam por si próprios, assim como Cristo cresce em nós.

Inclusive, vejo essa mesma característica em meu ministério. Chega um momento em que percebo que preciso sair de cena devagar e ir deixando os outros levantarem voo. Recentemente, ouvi uma frase que corrobora minha convicção: "Dê aos filhos raízes. Mais tarde, asas".

Quando criam asas, os filhos voam e deixam o ninho. Este sempre existirá, mesmo no dia que se tornar somente memória, pois eles também vão criar seus novos emaranhados de folhas e galhos por aí.

VERBO E VIDA

Compreendendo o Filho Adotivo e *O Filho Adotivo*, de Luiz Schettini Filho; *Conversa Franca*, de James Dobson; e *As 5 Linguagens do Amor*, de Gary Chapman, são livros imperdíveis que tocam nos assuntos mencionados neste capítulo.

O primeiro autor é um psicólogo, psicanalista e especialista em adoção, que também tem filhos adotivos, sendo assim especialista na prática e na teoria. James Dobson tem muitos livros sobre família, um tema tão necessário e que ele explora bastante. Já Gary ficou muito conhecido pelo livro que indiquei, no qual ele fala sobre as formas como as pessoas ao nosso redor recebem e demonstram amor.

VIAGENS (IN)COMUNS
Viagens em família são como um banho em piscina térmica

Em 2008, fizemos uma viagem em família. Fomos a um parque de diversões grande e conhecido no interior de São Paulo, passamos um período em Campos do Jordão e depois fomos para Gramado e Canela, no Sul do país.

Algo que nunca esqueço é que Belinha e Paulinho adoravam tomar banho de piscina, mas não conheciam a piscina térmica. Descobriram a piscina de água quente na pousada em que ficamos. Conhecemos vinícolas e aproveitamos coisas simples e memoráveis, como um dos melhores cafés da manhã que já provei.

Foi durante esse período que comecei a contar-lhes as histórias do meu avô Dinamérico, pai de minha mãe. Se mamãe é engraçada, meu avô era ainda mais!

Lembro que Paulinho estava no outro quarto e, quando ouviu o que eu estava falando, correu para o meu quarto com Alessandra para ouvir melhor. A partir daí, ele aprendeu praticamente todas as histórias de seu bisavô — um clássico em minha família, histórias hilárias de coisas que ele viveu.

Tivemos a oportunidade de passear juntos e aproveitar o frio da região, que não temos aqui onde moramos. Foi um período de conexão e muito amor que gosto de lembrar. Sou realmente muito grato pela família que Deus me deu.

NOS BASTIDORES
A sexta-feira é nossa!

Mesmo que o livro seja sobre minha história, ela tem mais de um protagonista. Ela é aquela que compartilha os bastidores comigo todos os dias. Com seu ponto de vista da nossa história, minha esposa, Alessandra Wanderley:

É engraçado como as coisas acontecem. Meu irmão mora nos Estados Unidos e estava aqui para um casamento, para o qual eu também tinha sido convidada. Na festa, vi Dino. Ele passou por mim e, mesmo que não tenha me visto, fiquei de olho nele. Um menino lindo, de olhos claros, loiro. Meu irmão já me disse logo:

— *Não é para você.*

Depois de um tempo, nos encontramos na igreja. Fomos nos conhecendo aos poucos. Na época e na congregação que frequentávamos, quando nos interessávamos por alguém, precisávamos orar a respeito. Quando souberam que eu estava gostando de Dino, umas colegas me disseram:

— *Você tem certeza? A família dele é um pouco complicada.*

— *Eu topo* — *eu dizia, sem nenhuma dúvida.* — *É Dino. Eu quero Dino.*

Ele foi o primeiro namorado que minha mãe aprovou. Em compensação, sofremos alguns desafios com a família dele, que fomos driblando juntos. Em alguns momentos nos abalávamos, mas nunca desistimos. Sempre nos posicionávamos, pois um queria muito estar com o outro, assim como queremos agora.

Somos opostos, mas entendemos que isso nos soma. Eu sou pura emoção, impulsiva, muitas vezes falho por isso. Já ele, ainda que erre, tem um bom equilíbrio entre a razão e a emoção.

A vida é uma eterna construção. Fomos colocando — e ainda o fazemos — tijolinho por tijolinho juntos. No início, para termos uma casa, a escolha de apartamento, compra da mobília foram muito incentivadas pela minha família.

E, mesmo ganhando pouquinho, com dias puxados de trabalho, sempre sonhamos e nos ajudamos demais. O principal éramos nós dois, e entendemos isso. A família acabou aumentando com a vinda de Paulinho, depois de muitas tentativas. Isso foi muito desejado!

O segundo filho não vinha. E não veio, até eu perder o bebê e entender que o pacto de adoção que Dino havia feito era também meu. Sonhei tanto com o momento que Belinha chegou, foi muita oração e choro em um ano e pouquinho, até acontecer. Ela chegou, entrou em casa e mudou tudo.

Hoje, nossos filhos já cresceram. Tenho tanta felicidade da família que temos, do jeitinho que ela é, com erros, acertos, e o principal: a vontade de estarmos juntos, independentemente de qualquer coisa.

Dino e eu estamos nessa caminhada há algumas décadas. Temos muita história para contar, tanta que ultrapassaria este livro. Lembro quando namorávamos e nos víamos às quartas-feiras, sábados e domingos na igreja. Era pouco. Combinamos que toda sexta-feira seria para fazermos algo, com a ideia de nos curtirmos.

Íamos a um grande supermercado da cidade, que tinha música ao vivo, comíamos um lanchinho com refrigerante e aproveitávamos a companhia um do outro. Mesmo quando Paulinho era bebê, continuamos com a tradição de toda sexta ser nossa, como casal. Fazíamos da maneira que dava e com o maior amor do mundo, porque sempre é sobre a pessoa e nosso tempo de qualidade com ela. Depois disso, vieram as viagens, de Gravatá ao mundo.

Meu amor, como crescemos juntos! Ainda me recordo de quando você me disse que daria uma vida melhor para todos nós. Fez da liberdade que não teve uma motivação para um lar livre, respeitador e feliz.

Dino é maravilhoso, extremamente sábio e meticuloso com decisões e planejamento, atualizado com o mundo, excelente em tudo o que faz. Um marido, pai, irmão, filho, amigo inspirador e presente. Por amar tanto estar com quem ama, quase em todas as refeições em família, ele solta:

— Isso aqui é uma hora sagrada!

É cheio de caráter e empatia para se colocar no lugar do outro. Por isso, nunca deixou de fazer terapia, pois sempre quer ser melhor. Busca ser puro diante de Deus e vive pedindo o direcionamento do Senhor. Uma pessoa tão honesta, íntegra e transparente que me faz ser melhor, por admirá-lo cada dia mais.

Ser esposa de Dino é ser escutada, amada e apoiada. "Eu somo com você", ele diz. E, mesmo quando não concorda comigo, eu escuto:

— Mesmo que você sofra por essa decisão, eu estarei com você.

Com o passar dos anos, ele conseguiu se tornar uma pessoa ainda melhor. Não há palavras suficientes para explicar o tanto que se transformou e se aprimorou nesse tempo juntos. Eu não seria a mesma sem ele.

Quão abençoada por Deus eu sou por ter você em minha vida. São tantas coisas para agradecer! Obrigada por persistir, por insistir e, principalmente, por ser você. Em meio às lágrimas de emoção, gostaria de te recordar o quão importante você é para mim.

Eu te amo muito. Profundamente. Quando vejo você me levantar nos momentos difíceis e desafiadores e quando reparo nas nossas mãos dadas nos momentos alegres, sei que estava certa quando te quis lá atrás. E, até hoje, quero.

Vejo claramente que Deus está em nosso relacionamento. "O cordão de três dobras não se pode romper", como diz Eclesiastes 4:12, o mesmo versículo que estava em nosso convite de casamento. Sempre segurando a mão um do outro.

*Com amor,
Alessandra Wanderley, esposa de Dino*

CAPÍTULO 6

MINISTÉRIO: SEM EMBATES, COM JUSTIÇA

A harmonia entre as oportunidades terrenas e as possibilidades divinas.

"O mais importante não é o que fizeram de mim, mas o que eu faço com o que fizeram de mim."
Jean-Paul Sartre

Sempre fui muito organizado, dedicado e persistente, mesmo assim minha vida profissional se construiu gradativamente. Como já comentei, tive um grande conflito quando me converti jovem, aos dezoito anos, pois sabia de meu chamado pastoral e, no início, tive dificuldade de conciliá-lo com outra profissão.

Quando passei a ter um entendimento mais maduro da vida, continuei a trabalhar como professor de inglês, mesmo já formado em direito. O tempo em sala de aula fez muita diferença e foi o sustento principal de minha casa por um tempo significativo. Para mim, ensinar faz parte de quem eu sou e sempre gostei de lecionar e conviver com os alunos e as alunas. Porém, com o passar do tempo, percebi que ficava insatisfeito e triste.

•••

Era boa a sensação de chegar em casa, meu porto seguro. Mas também era esse o momento em que eu refletia bastante sobre grandes questões pessoais. Foi dessa maneira que comecei a sentir que faltava algo. Dentro de mim, havia um sentimento muito forte de que eu tinha mais para entregar e que eu não estava ainda em meu local definitivo.

Tenho para mim que, quando você encontra a sua profissão definitiva, você encontra propósitos e, assim, sabe que está no lugar certo. Eu não me sentia assim com o que fazia, mesmo entendendo que aquilo era um processo. Estava caminhando para o meu destino. Todavia, era um percurso confuso e até desgastante. Um dia, eu externava para Alessandra:

— Quero ser pastor — aí então começava o seminário e, depois de uma ou duas cadeiras, dizia:

— Não, eu quero mesmo é trabalhar com direito — assim, estudava para um concurso, mesmo sem dedicação total e soltava:

— Não, eu quero lecionar inglês.

Era uma salada mista, e nem eu mesmo sabia o tempero, já que não decidia o que queria fazer. Pacientemente, minha esposa trilhou esses caminhos comigo, mas também me alertou que eu iria endoidar se continuasse assim.

Além de tudo isso, lembrei-me também de que eu havia passado um ano com um curso próprio de inglês, que não tinha dado certo. Achava que a vida de empresário não se encaixava com o que eu queria.

No fim das contas, decidi levar isso para minhas sessões de terapia. Precisava urgentemente organizar a minha vida! Assim, no processo terapêutico, compreendi que, para empreender, era necessário ter uma gana muito grande, enfrentar todo tipo de adversidade e persistir. Eu queria algo mais tranquilo, certeiro, que me desse uma base, sem correr grandes riscos. Então, percebi que tinha mais perfil para ser funcionário público.

Ao longo das sessões, consegui visualizar e ordenar o que queria, aos poucos. Primeiramente, fechei o ciclo do inglês com tranquilidade e mergulhei no direito. Fiz um concurso em que me enxergava, mas com total foco no futuro: iria buscar o ministério ordenado de pastor.

Com o tempo, passei a entender que o importante mesmo é exercer o seu dom, seja em um ministério formal ou não. Como uma casa que estava sendo construída, organizei minhas pendências laborais, colocando cada tijolinho que estava desorganizado em seu devido lugar.

Porém, como uma pá de cal, o momento decisivo para esse processo aconteceu quando meu filho nasceu. Percebi, então, nossa vulnerabilidade financeira — não tínhamos dinheiro nem para o enxoval, como já contei. Foi com a provisão divina e ajuda dos familiares e amigos que conseguimos tudo.

Assim, joguei-me nos estudos. Nem sempre foi fácil: passar por incertezas pode ser extremamente angustiante. Alessandra estava grávida, o nascimento de Paulinho estava bem próximo e já me organizava mentalmente, mas havia dúvidas se conseguiria. Recordo-me como se fosse hoje quando, em meio às minhas leituras, deparei-me com um versículo que me saltou aos olhos: "O cavalo prepara-se para o dia da batalha, mas a vitória vem do Senhor" (Provérbios, 21:31). Ora, eu havia lido esse versículo dezenas de vezes — talvez mais. Nesse dia, porém, aconteceu algo novo. Foi como se Deus colocasse um *outdoor* na minha frente, com apenas uma palavra desse trecho.

É claro que o fato de a vitória vir do Senhor me trazia muita alegria. *Poxa, que bênção! Que maravilha! Deus vai me dar a vitória, e eu irei conseguir passar no concurso!* Mas, dessa vez, foi diferente. *Prepara-se!* ecoou em meu ser.

Era como se Deus falasse diretamente para mim que faria a parte dEle, aquela que somente Ele pode, mas que precisava da minha cooperação para o plano entrar inteiramente em prática. Não é como se Ele não tivesse poder para fazer tudo. Afinal, com certeza Ele tem. Mas há atitudes que nós mesmos devemos tomar. A minha parte era a preparação.

> *Nas batalhas daquela época, o cavalo deveria estar bem preparado, forte e alimentado. Um cavalo malnutrido em meio a uma guerra não teria condições de dar suporte ao cavaleiro.*

É até engraçado, quando paramos para pensar na grandiosidade dEle, que Deus tenha me mandado estudar. Foi duro e ao mesmo tempo interessante. Enquanto eu estudava, também continuava ensinando inglês, com o intuito de pagar as contas de casa.

Nesse ínterim, cheguei a fazer uma prova do curso de Cambridge para o chamado First Certificate in English, Primeiro Certificado em Inglês, em tradução literal, e em seguida fiz o Proficiency Test, ou, em português, Teste de Proficiência, este extremamente difícil de passar. Ambos me davam condições de melhorar e crescer profissionalmente na área, já que, com eles, eu era praticamente um pós-graduando *lato sensu* da língua.

Foi assim que passei em meu primeiro concurso, no Tribunal Regional Eleitoral, um ano após Paulinho nascer. Era o início da mudança.

Após muita dedicação, estudo e resiliência, o sétimo lugar do concurso para analista judiciário era meu. Abria-se a porta de entrada para outras provas pelas quais almejava.

❖❖❖

Nessa época, nossa rotina era toda organizada e bastante puxada. Meu horário de trabalho no TRE era das 13h às 19h. Então, logo pela manhã, levava meu filho à escola. Ao retornar, tinha um tempo devocional com Deus. Depois, estudava durante cerca de 2h20.

Para me apoiar e ajudar, Alessandra gravou uma leitura da Constituição, que coube em duas fitas cassetes. Assim, eu deixei de ouvir música. Toda vez que estava dentro do carro, tocava as gravações, cerca de uma hora por dia ouvindo passivamente o texto constitucional.

Amo ler e estudar, sempre fui autodidata. Tinha um programa base que era o programa de juiz. Eu estava sempre estudando para este, independentemente da abertura dos concursos. Mas, quando surgia algum de meu interesse, estudava especificamente para ele. Por isso, pesquisava sempre por novas oportunidades.

Foi nesse mesmo momento que abriu um concurso para funcionário no Ministério Público do estado, não para promotor. Passei em segundo lugar, mas não assumi. Lembrei-me do conselho de meu avô dizendo para não trocar um emprego federal por um estadual. Aceitei seu conselho e permaneci onde estava, no TRE. Passado um tempo, deparei-me com outra chance.

Assim, em 1999, entrei para o Ministério Público como promotor de justiça. Com a consciência de que somos humanos, imperfeitos e falhos, sempre orava muito a Deus pedindo que Ele me ajudasse a agir com justiça.

Em todos os casos como promotor de justiça, procurei me aproximar ao máximo de ser assertivo. É um peso muito grande e uma responsabilidade muito séria.

Eu realmente tinha o sonho de ser juiz, mas, quando me tornei promotor e vi que era um cargo que também buscava verdadeiramente a justiça — como o nome já diz —, comecei a me questionar a respeito desse sonho.

Como promotor, eu tinha muita liberdade e segurança para trabalhar. Em uma área penal, por exemplo, eu não precisava fazer uma acusação e sustentá-la até o fim. Se, no meio do caminho, na fase de apuração do processo, percebesse que as provas eram insuficientes ou levavam para uma absolvição, poderia pedi-la.

Fora isso, nunca deixei de exercer minha liderança na igreja. Mesmo dentro do TRE, permaneci no ministério de louvor — onde servi de quinze a vinte anos. Ainda trabalhei com discipulado e nas células, os grupos pequenos.

Nunca me preocupei com o fato de ser ordenado ou não, porque o chamado é isto: Deus puxando-o para seu propósito de vida, e você não resistindo. Então, eu sentia que não precisava do título nem de oficializações.

Um tempo depois, em 2001, participei do Cursilho de Cristandade, um encontro que acontece em forma de retiro. Uma das palestras de nosso pastor foi sobre o seu chamado e o caminho que havia trilhado para exercê-lo. Fui extremamente tocado por essa pregação, inclusive chorei muito, e por fim entendi que estava maduro o suficiente para retomar o seminário, que havia largado sete anos antes. Era a ocasião propícia.

Assim, em 2007, fui ordenado.

❖❖❖

Em minha vida, assim como na de todos, nem tudo sempre foram flores e caminhos fáceis de percorrer. Na época, havia uma região distante, dentro do meu estado, muito conhecida por tráfico e plantio de maconha. Quando comentávamos a respeito, Alessandra vivia dizendo:

— Deus me livre você passar no concurso e ser enviado para lá!

Ao passar na seleção, eu precisava escolher uma cidade para atuar. Dentro das poucas opções que me foram dadas, essa cidade era justamente a melhor. Conclusão: fui enviado para lá.

Na estrada, a caminho, o primeiro baque: vi alguns carros queimados. Para você ter noção da gravidade da situação, a minha primeira ida para a cidade foi em uma escolta com metralhadora, espingarda 12 e colete à prova de balas. *Meu Deus, onde é que eu estou me metendo?*, pensava comigo mesmo, assustado.

Cerca de dez minutos após minha chegada, fui atualizado de todo o histórico da cidade nos últimos dez anos, inclusive apontaram um local que aparentemente tinha sido palco de uma briga entre famílias locais.

Outras pessoas que passaram no concurso tiveram dificuldades porque foram atuar em cidades violentas, à época — hoje tudo está muito pacificado, graças a Deus. Com isso em mente, comecei a me assustar e quase me desestruturei ao saber do boato de que um munícipe guardava uma cabeça humana dentro da própria geladeira. Imagine só! Mesmo sendo apenas um rumor, fiquei muito assustado.

Havia também um eventual toque de recolher para viagens. Como havia casos em que assaltantes bloqueavam a estrada, eu precisava viajar muito cedo pela manhã ou depois do horário comercial, após as 19h, nunca entre esses horários.

> *Acredito que o coração humano tende a perder a sensibilidade quando se acostuma a lidar com situações extremas. Por isso, é tão importante viver e manter a chama do evangelho acesa dentro do coração.*

Verdade seja dita, esse novo trabalho foi me moldando. Fiquei mais "casca grossa". De certa forma, isso me adaptava para os próximos passos de minha profissão.

Após um tempo, consegui a transferência para outra cidade, a fim de ficar por quatro anos. No entanto, meses depois recebi uma ligação de que, lamentavelmente, uma colega havia falecido em uma comarca a cerca de uma hora e meia de Recife. Portanto, fui escolhido para preencher essa vaga de urgência. Eles se lembraram de meu trabalho justamente porque eu tinha adquirido experiência naquele início, após algum tempo em locais de difícil provimento, no jargão jurídico.

Mudei-me para lá e trouxe minha família para a capital, onde ficávamos bem mais próximos. Passava a semana no lugar em que trabalhava e o final de semana em casa.

Quando finalmente fui transferido para a região metropolitana de Recife, vivi meu grande período de aprendizado na área penal. Participei de muitos júris. Tive a oportunidade de treinar muito a oratória e inclusive minha inteligência emocional.

Aprendi que cada caso é uma surpresa, que você nunca sabe ao certo o que vem pela frente. Precisei lidar com reviravoltas e até mesmo com ameaças veladas. A promotoria era ao lado do fórum, então acontecia até de perguntarem a que horas eu chegava ou como ia trabalhar.

Tudo o que vivi foi me ensinando a não me apavorar diante da morte, que, no final das contas, faz parte da trajetória humana. Além disso, meu instinto de sobrevivência ficou mais aguçado. Ao final, aprendi a não ter medo de partir para ficar com o Pai.

A verdade é que Deus nunca perde o controle da história de ninguém. Muitas vezes, não entendemos na hora algumas coisas, mas temos que ter em mente que, quando entregamos nossa vida a Ele, não são mais os nossos caminhos ou o nosso jeito.

Deus cuida dos seus. O que vivemos pode fazer muito sentido no futuro. São os mistérios do Senhor...

VIAGENS (IN)COMUNS
Do Coliseu a Freud, passando por Berlim, o ser humano precisa ser Humano!

Acho difícil falar sobre a caminhada cristã e não citar minha visita a Roma, onde pude ver de perto palcos e cenários tão importantes para nós, até mesmo o Coliseu.

Entre 2015 e 2019, Alessandra e eu visitamos a Europa algumas vezes. Além da primeira viagem à Itália, outra experiência interessante foi no campo de concentração de Berlim, que tirou o sono de minha esposa. Acostumado com situações pesadas em meu trabalho, o sono não me foi tirado, mas o que senti foi inesquecível.

Ainda na cidade, conhecemos um ponto chamado Checkpoint Charlie, uma antiga área de transição entre a Alemanha Ocidental e a Oriental, onde os carros eram revistados para entrarem no lado soviético. No espaço, atualmente há inclusive pessoas vestidas a caráter.

Uma curiosidade é que meu pai é o mais viajado da família. É como uma enciclopédia ambulante. Durante a Guerra Fria, ele esteve lá, nesse mesmo lugar que fomos. É muito curioso compartilhar as sensações que tivemos, porque o espaço hoje em dia é só mais um local turístico.

Minha esposa e eu também fomos para a Áustria, em Viena, e conhecemos a casa de Sigmund Freud. Por gostar muito de psicologia, ficamos encantados de ver onde vivia o pai da psicanálise.

Pensei muito sobre o que é o ser humano e sobre ser um humano. Tanto o Coliseu como o campo de concentração em Berlim eram locais de tortura, morte e dores camufladas. É chocante perceber o que puderam fazer com as pessoas. Em ambos, o povo de Deus sofreu muito.

> *Hoje sei que, na qualidade de humano, passível de erros, tento acertar e quero ajudar a mudar vidas com a cura interior, mas sem mistificar demais. Não podemos colocar tudo na conta de Deus. Ele também usa a psicologia, a medicina, e tantas outras ciências para nos transformar e nos tornar melhores. Para que, assim, não cometamos os mesmos erros do passado.*

❖❖❖

Mesmo sendo parecidos em alguns aspectos, por divergência de certos pensamentos, tive um conflito com meu pai, que tem um temperamento forte. Por eu ser conciliador, me deprimia por não conseguir me posicionar perante ele. Até nisso, no entanto, minha profissão cooperou, pois comecei a me impor no que considerava importante.

Na vida, faz-se necessário lembrar que toda ação possui uma reação — em qualquer área. Meu pai sentiu meu posicionamento, até que a situação culminou em uma inevitável discussão séria que tivemos, tanto que ficamos de 2004 até 2010 sem nos falarmos. Foram seis anos de silêncio e distância. Não deixei de ir a eventos familiares, então, até nos víamos, mas sem trocar palavras. Às vezes, eu o cumprimentava, mas não era sempre que ele respondia.

Em alguns momentos, também evitava estar presente, para não causar ainda mais constrangimento. Passei alguns natais fora, com minha esposa e meus filhos. Em alguns, fomos para hotéis, já que não tínhamos mais para onde ir.

No ano de 2005, senti muito forte em meu coração o desejo de pedir perdão por algum excesso de minha parte. Minha irmã estava no aeroporto para uma viagem, e eu quis aproveitar essa oportunidade. Lá estavam minha irmã, meu cunhado, o pai de meu cunhado e o meu pai.

O ato de pedir perdão é também uma forma de assumir suas fraquezas. Deus sabe que fui com esse intuito. Apareci de repente e pedi perdão de maneira pública, na frente de todos. Foi horrível, já que ele não teve uma reação boa, nem a que eu esperava.

Ele foi embora, e todos repararam o que havia acontecido. Ainda assim, senti-me um pouco melhor, pois havia feito a minha parte. Claro que gostaria que nosso relacionamento fosse restaurado naquele momento, mas, pelo menos, eu havia tentado. Essas escolhas nos fizeram perder um tempo em que poderíamos ter estado juntos. Foram momentos muito importantes, como a minha ordenação, em que ele não estava.

Com o passar do tempo, cheguei a um cenário de exaustão no meu trabalho. Estava esgotado e não conseguia cuidar dos dois ministérios de minha vida: o público e o pastoral. Por isso, pedi licença e afastamento de minha função na igreja.

No ano de 2010, meu pai teve um infarto, em um bairro perto de minha casa. Como não estava falando comigo, não me ligou para ajudá-lo. Por ser cardiologista, autodiagnosticou-se e conseguiu chegar dirigindo, ele mesmo, até o hospital.

Parte de minha família decidiu visitá-lo, quando ficou internado. Eu resolvi ir junto. Iria até onde me fosse permitido entrar. Fiquei na sala de espera, sem saber muito se conseguiria vê-lo. Ele me chamou para entrar em seu quarto.

Para mim, é emocionante lembrar desse dia. As pessoas que importam para nós nem sempre têm consciência do que sentimos por elas, por isso é essencial que sempre digamos e demonstremos. Mesmo quando for difícil fazê-lo.

Assim como houve muito choro, houve perdão. Nos reconciliamos ali mesmo, naquele momento. Ele fez questão de chamar minha esposa para fazer o mesmo e até minha sogra, hoje já falecida, que ele eventualmente encontrava em locais públicos e com quem às vezes não falava.

Para meu pai, uma das causas do seu infarto foi não ter me perdoado. As mensagens foram todas subliminares: o médico que desentupiu suas veias era um mexicano, chamado Jesus. É possível que um coração "entupido" possa ter relação com emoções mal resolvidas. Doutor Jesus colocou dois *stents*, espécies de tubos de malha metálica, para que meu pai ficasse bem.

Em relação à ordenação pastoral em que ele não esteve presente, Deus nos presenteou com uma segunda chance. Não existe reordenação de algo que você nunca deixa de ser, mas havia um prazo de três anos para retornar à função pastoral em minha igreja. Quando decidi voltar às atividades, meu pai pôde contemplar esse momento. Ele não esteve presente em minha ordenação, mas estava lá em meu retorno. Completou o sentimento do que construíamos juntos, pois sei que ele é uma pessoa essencial em minha vida e também o meu pai espiritual.

Conforme fui envelhecendo, passei a entender que, quanto mais tempo temos nesta Terra, mais dificuldade encontramos em mudar. Ele já tem uma certa idade, por isso, eu preciso fazer transformações em mim. Sou eu quem precisa aprender a lidar com ele. De lá para cá, nosso relacionamento tem crescido mais a cada dia. Tenho conseguido me impor e ser amoroso, ao mesmo tempo. Trocamos até confidências! Eu amo servi-lo, com muita felicidade.

Em minha terapia, descobri que, tirando a Alessandra e meus filhos, alguns de meus familiares, a família de origem, eram aglutinados. Culturalmente falando, isso é bem comum. São pessoas que aparecem de repente na casa de um conhecido, abrem a porta sem pedir, se fazem à vontade entre situações e atos que invadem a privacidade pessoal.

Eu nunca havia percebido isso antes. Como cresci assim e nunca protestei, descobri que o grupo familiar achava normal opinar em minha vida ou entrar em minha casa sem o meu consentimento. Durante a terapia, aos poucos aprendi que a minha casa é um local pessoal, independentemente de quem quiser entrar, e que há a necessidade da minha autorização ou da de minha família para fazê-lo.

Por muito tempo, senti-me mal por ser diferente, como uma ovelha desgarrada. Como quase todos pensavam desse jeito, foi um desafio me posicionar de modo contrário.

Quando me reconciliei com meu pai, passamos a entender os limites um do outro e a ter uma relação mais equilibrada em amor. Foi preciso aceitar que posso dar e receber limitações, e gosto muito do ditado inglês "Boas cercas produzem bons vizinhos". E isso traz mais liberdade! É muito gostoso você poder se relacionar com alguém que ama, abraçar, beijar, falar, com genuína vontade e não por mais um ato meramente formal. O fato de eu ver meu pai hoje e conversar horas com ele, despedindo-me com um beijo carinhoso no final, é fruto da graça de Deus, que me deu graça para enfrentar os problemas sem varrê-los para baixo do tapete e para aceitar que pessoas podem ser diferentes e mesmo assim ter consideração umas pelas outras.

> *Meu pai não só me ensinou muito do que sei hoje, mas também me ensinou bastante quando nos reconciliamos no hospital. A vida é rara e efêmera. Não estar com quem amamos é perder tempo do presente que Cristo nos deu.*

∴

Desde o início, a minha maior luta sempre foi com o sistema eclesiástico. Isso porque não gosto da parte administrativa. Sinto que, nela, é como se o pastor fosse confundido com um administrador.

Lendo as escrituras, é possível perceber que, mesmo antigamente, já existia essa questão. Os apóstolos pediram que homens dignos fossem eleitos para cuidar do âmbito administrativo, os diáconos. Para mim, os pastores devem se dedicar à oração, ao pastoreio do povo e ao ministério da palavra. Mas sinto que o sistema quer nos puxar de qualquer forma para essa posição administrativa.

É fácil cruzar essa linha tênue e começar a fazer algo para o qual você não foi chamado. Há quem não goste de mim por pensar assim, mas é importante que você se limite a viver o seu propósito.

Eu não sou muito influenciável. Já fiz até um teste profissional que afirmou que o ambiente pouco afeta minha personalidade e minhas opiniões. Por exemplo: certa vez, a discussão de um assunto seria resolvida por votação. A minha opinião foi a única diferente e por isso foi para a ata — o que impediu a unanimidade.

Sobre o tema, penso no versículo de Paulo que diz que é "quando é fraco que ele é forte". Deus fala de várias formas, por isso, sei que cada um tem sua interpretação.

> Preciso entender as áreas em que sou fraco para que não coloque minhas fichas nelas. Não vou chover no molhado ou dar pérolas aos porcos. Não devo investir muito em uma área para a qual sei que não fui chamado.

Por isso, quando sou fraco, sou forte. Está tudo bem não ser bom em tudo. Mas vou ser forte — e investir — naquilo que sei fazer ou que fui chamado para fazer. Há quem cuide de quatro ou cinco ministérios na igreja, mas dou o meu máximo naquele um pelo qual sou responsável. No meu caso, é o da cura interior, do qual eu e minha esposa cuidamos.

❖❖❖

A igreja tem muito espaço para crescer. Eu mesmo já caminhei muito e explorei várias áreas dela. Em 1992, dei apoio a um pastor estrangeiro que veio pregar em Recife. Havia um tradutor para as pregações e eu, que traduzia no "tête-à-tête".

Um dia, ligaram pedindo que eu realizasse a tradução da pregação daquele pastor, pois o tradutor oficial havia ficado rouco. O congresso tinha cerca de 6 mil pessoas, que estavam ali para ouvi-lo. Foi de improviso, mas foi uma bênção. Como já estava convivendo com ele, foi mais simples e tudo fluiu bem.

No final da pregação, nos bastidores, o pregador me confessou que tinha orado a Deus, pois ele sentia que não estava sendo bem compreendido pelo público. De fato, eu havia percebido algumas falhas na conversão de palavras, que faziam muita diferença no significado. Mas não tinha nenhuma experiência e por isso tinha continuado na minha.

A partir de então, transformei-me na pessoa que era sempre chamada para traduzir preletores de fora. Então, meio que informalmente, tornei-me o tradutor oficial, tanto que fui convidado por outras denominações para fazer traduções também.

Depois disso, mais pessoas que entendem de tradução chegaram e voltei à minha cadeira de espectador, no público geral.

∴

Desde que me converti, fui muito influenciado por um pastor argentino chamado Juan Carlos Ortiz. Aquele mesmo, cujas pregações eu ouvia em fita cassete sem parar. Assim que escutei, em suas palavras, sobre o modo de Jesus trabalhar, percebi que geralmente o sistema eclesiástico não investe muito em discipulado, apesar de Jesus ter vivido e falado muito sobre isso.

Muitas vezes, as igrejas funcionam como um orfanato: uma pessoa à frente e um bocado de filhos sem muito suporte atrás. Um ou dois pastores para auxiliar muitas pessoas, quase como uma creche.

Em suas pregações, Ortiz cita que Jesus sabia que seu ministério iria precisar de apoio, por isso escolheu doze pessoas para ajudá-lo. Dentro desse número, havia os três mais próximos e o seu melhor amigo, João. Por isso, a vontade de Deus era que investíssemos em pessoas como filhos.

Quem pensa dessa maneira, entende claramente o que vou dizer agora: quando chego a um local com muita gente, meu maior anseio é ir para um "tête-à-tête", como chamamos por aqui, uma conversa pessoal. Eu preciso que alguém saiba meu nome na mesma medida que quero saber o nome de quem está ao meu redor.

Após minha conversão, iniciamos um trabalho com a juventude local, que chamamos de discipulado. A célula-mãe era um grupo de quatro pessoas. Cada uma delas acompanharia até cinco outras pessoas.

Depois de dois anos nesse processo orgânico, as quatro pessoas haviam se multiplicado, resultando em quarenta. Um verdadeiro processo de capilarização, uma vez que cada indivíduo é realmente discipulado, acompanhado e bem cuidado.

Depois de 1986, fui para uma comunidade evangélica livre, em que me identifiquei mais. Lá, cada pessoa tinha outra para discipular e alguém que a discipulava. Dessa maneira, ninguém ficaria sozinho.

Havia os discipulados individuais e os grupos caseiros, as células nas casas. Inclusive, foi em uma dessas que Alessandra se converteu.

Em 1993, já casados, decidimos voltar à minha primeira igreja. Em 1995, a liderança inaugurou os grupos familiares. Como isso está em meu DNA, destaquei-me tranquilamente e, a partir desse momento, fui colocado como líder do ministério na zona Sul da cidade.

Como acredito que devemos buscar fazer o melhor em tudo a que nos propomos, quis me aperfeiçoar. Fui para muitos treinamentos sobre igreja em células. Também dei muitos cursos sobre o assunto. Foi assim que a ideia se espalhou por quase todas as comunidades da região, no âmbito de nosso grupo denominacional.

> *É uma via de mão dupla. Não adianta somente você se colocar à disposição. Há um retorno. A outra pessoa precisa estar interessada e te procurar quando precisa também.*

É muito bonito você ver um trabalho do qual fez parte frutificar dentro de alguém. Uma das pessoas que discipulei hoje também é pastor. Ele me acompanhou durante esse processo inteiro e atualmente é o líder do movimento de células, entre outros, em nossa igreja-sede.

Com o apoio de nosso pastor principal, preparamos o caminho juntos, e ele colheu os frutos de nosso trabalho. No louvor, aconteceu algo parecido. Quando preparei tudo e saí, havia alguém pronto para assumir. Quando deixei meu cargo nas células e no discipulado, ele assumiu meu lugar. Entendo claramente que começar, preparar e sair faz parte do que fui chamado, como João Batista preparava o caminho para o Senhor.

Dessa maneira, tive espaço para migrar para a área de cura interior. Eu não sei se você já ouviu isso antes, mas acredito fielmente que a sua maior dor é o seu maior ministério, como diz um pastor americano. Por isso, recebi o convite de liderança do ministério 30 Semanas, o ministério de cura interior, e aceitei. Como sofri muito e venho superando minhas dores, sei que tenho muito a dividir com quem precisa. Há cerca de duzentas pessoas sendo atendidas atualmente, o que provavelmente vai se multiplicar para outros campos futuramente.

Percebo que as pregações nos cultos regulares da igreja falam muito sobre a área espiritual e o poder da oração, os quais, de fato, são essenciais a um cristão. Porém, quando tive o episódio da tentativa de suicídio, aprendi que há situações que precisam ir além do trivial.

Eu pensava que era muito dedicado ao Senhor e bem-intencionado com Sua obra e não compreendia como algo assim poderia estar acontecendo comigo. Na época, quando ainda estava mal, um pastor teve coragem de me dizer que meu problema não era espiritual (espírito), e sim de minha alma (mente).

Percebi que há muitas situações disfuncionais que geram marcas em nossa alma e que precisam de tratamento. Nem tudo é falta de oração ou de leitura bíblica. Somos humanos.

Eu tratei muito dessas questões nas terapias e, depois, tentei manter a transparência no discipulado, procurando sempre ser eu mesmo e o mais aberto possível. Mas, dentro do ministério, passei a perceber nitidamente que existe algo chamado codependência emocional.

Quando comecei a ler o livro *Codependência Nunca Mais*, de Melody Beattie, assustei-me. Parecia que estava lendo a minha própria história! É um ciclo: você não consegue dizer não, se deprime por isso e passa a viver o que não queria.

Minha esposa também entrou comigo nesse barco de cuidar de mais pessoas. Inicialmente, precisou tratar de processos internos que ela mesma nem percebia que tinha. Juntos, tratamos até mesmo situações de nosso casamento. É diferente quando você começa a se abrir, falar e ter uma rede de apoio.

Funciona mais ou menos com os mesmos princípios do AA (Alcoólicos Anônimos). Você convive com um grupo que passa pelas mesmas coisas que você e, durante o partilhar da própria vida, um vai ajudando o outro.

Assim como minha história neste livro, eu me encho de felicidade ao perceber que tudo o que passei é útil para ajudar o próximo. Seria um desperdício não dizer que há dores que se curam e florescem com o tempo.

> É como dizia Sartre, no mesmo trecho que coloquei na abertura deste capítulo: "o mais importante não é o que fizeram de mim, mas o que eu faço com o que fizeram de mim". Ou seja, não é o que você passa, mas o que faz com o que você passa.

❖❖❖

Deus é justiça e amor. Por isso, é preciso tentar ser como Ele.

Quando passei a atuar em dois ministérios (Público, no direito; Eclesiástico, exercido a partir da igreja), pensava que eles se tocariam em relação à justiça que eu desejava em ambos. Mas percebi que eram situações diferentes.

Em meu trabalho, precisava aplicar a justiça e separá-la bem de minhas emoções ou valores. Eu era um agente do sistema de justiça, um promotor de todos e não de um setor religioso.

Na minha vida como um todo e no meu trabalho, sempre procurei dar o meu melhor (ainda bem que é o Senhor quem vai me julgar!). Busquei todo o tempo o auxílio de Deus para que eu fosse o mais justo possível em meus casos, queria fazer o melhor para todo mundo. Em várias situações, pedi a condenação e, em outras, a absolvição.

Na igreja, porém, você não aplica a justiça nua e crua, já que a graça é um favor imerecido (o ladrão da cruz que o diga — o homem mais sortudo da história!). Pela lei, aquela pessoa tinha sido condenada, mas a graça do Pai vai muito além da lei humana. Apesar de condenado pelos homens, foi perdoado por Deus no último momento de sua vida.

A lei é o piso, não o teto. Ela é o mínimo do mínimo para que a sociedade não entre em colapso. Mas nós, na qualidade de cristãos, vivemos um patamar muito superior ao da lei.

Confesso que tive muitos problemas pessoais por causa disso, pois, muitas vezes, queria agir a ferro e fogo na igreja, exatamente como era em meu trabalho. Durante minha aposentadoria, comecei a mergulhar ainda mais nesse assunto.

Percebi, então, que não posso ser rigoroso e rígido. Preciso ser pontual e certeiro, mas com todas as outras características de Cristo: clemente, manso, bondoso, paciente e humilde de coração.

Lembro que, nas cidades menores em que trabalhei, havia a determinação de visitar as cadeias públicas. Quando ia a trabalho, não falava necessariamente que era cristão, ainda que nunca me envergonhe do evangelho. Mas acho que isso vazou.

Em uma dessas visitas, lembro vividamente de um preso cantando louvores e um outro, analfabeto, tentando ler a Bíblia. Se você reparar nas escrituras, Moisés era um assassino, e Paulo também. Durante seu reinado, Davi também matou dolosamente, na qualidade de mandante. Mesmo tendo comunhão com Deus, ele matou alguém. Então, a bondade de Deus é dEle. Se houver arrependimento, a árvore dará bons frutos, embora caiba ao homem responder pelos seus atos na Terra — há consequências por eles. Na lei dos homens, é necessário cumprir a sua parte. Cristo muda e transforma, e eu acredito nisso.

A mim, cabiam os dois papéis, aparentemente paradoxais: o de ensinar quem Cristo é e o que faz ao pecador; e o de levar a julgamento alguém pelo crime que cometeu, através da ótica humana. Em um, eu tentava executar o juízo. Em outro, a graça.

Por isso, em ambos os ministérios, eu buscava ser a mesma pessoa e levar Cristo em tudo. Sempre procurei ser respeitador com os réus. Em quase todos os casos, fazia questão de dizer que não estava julgando quem eram, porque somente Deus poderia fazê-lo, e sim julgando os seus atos.

É uma situação muito delicada e difícil. Foi duro, porque sou uma pessoa muito conciliadora e por vezes o trabalho era pesado. Há quem desista durante a caminhada.

> *Nos dois púlpitos, precisava ser verdadeiro e justo.*
> *Não posso negar evidências e provas de um caso e*
> *não posso também mentir no altar. É trabalhar com a*
> *verdade em sincronia com quem se é.*

Haverá um momento em que o tempo de se arrepender não existirá mais. Mas, até lá, devemos ser pregadores da graça de Deus. Não é simplesmente fazer o que quiser, viver uma graça barata, mas viver arrependido do pecado que todos nós cometemos diariamente, com a justiça de haver um arrependimento e o perdão, e não uma punição.

Eu sei que escolhi a profissão que seguiria, mas sei também que fui guiado a ela todo o tempo. Como em tudo, em toda a minha vida, essas são oportunidades terrenas se encontrando com as possibilidades que vêm do céu.

Sei também que há uma divergência entre o chamado e a ocorrência dele, o que costumamos chamar de deserto, o momento de teste. Por isso, enxergo todo meu caminho até agora como um período de treinamento. Pode parecer estranho ou soar fantasioso, mas, com a minha idade, aposentado, parece-me que agora estou começando a viver o que precisava, depois de anos me aperfeiçoando através de meus afazeres cotidianos e terrenos.

O início de minha conversão foi cheio de alegria. Para mim, o céu se juntando com a terra. Esse sentimento foi esmaecendo com o tempo. Precisei arar e cuidar da terra, como todos faziam. Depois do momento de dificuldades, deserto e trabalho duro, há o período de descanso, como diz em Hebreus. Já dizia Salomão que há tempo certo para todas as coisas debaixo do céu.

Isso não significa que já sinto que estou descansando, mas sigo tateando, procurando, e sei que estou chegando lá. Talvez seja a implementação e expansão do ministério de cura interior, talvez seja este livro que está em suas mãos agora, talvez seja ainda outra coisa, que ainda hei de descobrir.

Até aqui me ajudou o Senhor. Sei que não importa em qual parte da jornada eu ou você estejamos, Ele irá nos ajudar também.

VERBO E VIDA

Como citei anteriormente, não vejo por que não o indicar explicitamente. Se puder, leia *Codependência Nunca Mais*, de Melody Beattie, que me ajudou muito a mudar minhas relações. Até a minha comigo mesmo. Considero um livro necessário a todos que queiram entender e sair de um círculo vicioso. Na sua sinopse, está escrito:

"Sem ser especialista no assunto, contando apenas com sua experiência pessoal, ela decidiu que o livro deveria ser informativo e acolhedor. Afinal, era disso que a autora precisava, cinco anos antes, e era disso que todos que sofrem da codependência precisam sempre: carinho e informação."

NOS BASTIDORES
O pai é meu e o Pai é nosso!

Como não abrir um espaço para ele, que tanto me ensinou nos bastidores desta vida? Com a palavra, meu filho mais velho, Paulo Wanderley:

Não importa quantos anos eu tenha, meu pai sempre será meu herói. Agradeço sempre a Deus, porque não poderia ter um pai mais honroso, amoroso e dedicado que ele. Para mim, o melhor do mundo! Tão fantástico, que falar dele me emociona. Ele ama com atos, palavras e ações.

Não sou tão bom com memórias, mas há coisas das quais nunca me esqueço.

Toda quarta-feira, por exemplo, almoçávamos feijoada em um restaurante que amávamos. No meu aniversário de dez anos, porém, ele estava chegando de uma viagem a trabalho. Mesmo cansado, foi me buscar no colégio e me levou ao local. O tempo de qualidade que nós dois tivemos foi tão incrível que me marcou. Meu dia foi muito mais especial por causa dele.

Meu pai sempre fez questão de ser presente. Por isso, mesmo sem gostar tanto de ir ao cinema, ia costumeiramente comigo, justamente por saber que eu amava fazê-lo. Um dia, calhamos de ver um desenho que falava muito sobre o relacionamento de pai e filho. Naquele momento, ele me olhou e disse que sempre estaria comigo, que eu não estava sozinho e que ele me ajudaria a sonhar e a realizar. Sem sombra de dúvidas, é a figura materializada do que é ser pai e do que é o amor, em sua forma mais pura.

Sou quem sou devido ao meu pai. O maior e mais importante valor da minha vida foi ele quem me ensinou: Deus e o que é viver para Ele diariamente.

Também aprendi muito bem o conceito do que é dedicar-se para a família, através de todas as áreas da vida. Foi meu pai quem me ensinou o valor de honestidade e integridade, justamente sendo quem ele é. Até hoje, nunca vi meu pai mentir.

Para mim, Dino é super-herói. Excelente em todos os aspectos da vida. Pai, homem, marido, filho, irmão, filho de Deus. Paciente, calmo, determinado e persistente. O homem mais honesto, temente a Deus e que busca o Senhor que já conheci. Alguém que se dedica verdadeiramente à sua família, que sempre moveu céus e terra para vê-la feliz. Servo e generoso, que ama servir às pessoas e ao Reino de Deus, que possui um propósito muito grande.

Por mais que eu fale, não consigo descrever o amor e a admiração que tenho dentro de mim. Dino é sinônimo de amor, esperança, heroísmo, liderança, servidão, generosidade, honestidade e integridade.

Painho, eu não tenho palavras que expressem a minha gratidão pelo pai que foi e é. Que constantemente me ensina a ser um homem melhor. Quero me dedicar muito à minha mãe e a você e amá-los com atos, palavras e ações, em todos os dias de minha vida. Um de meus maiores desejos é o de honrar tudo o que me ensinou a ser. Eu te amo. Obrigado por tanto!

Com carinho,
Paulo Wanderley, filho de Dino

EPÍLOGO

UM RELACIONAMENTO INCOMUM, EM MEIO AO COTIDIANO COMUM

Pode parecer que estou sendo duro, mas preste atenção quando digo que o cristão deve morrer para si. Temos que ter uma entrega completa ao senhorio de Cristo. Não é sobre se doar a uma igreja ou religião, mas, primeiro de tudo, entregar-se ao Senhor da igreja.

A Bíblia diz que Ele é a pedra que foi rejeitada, mas essa pedra é a principal da construção e do fundamento de nossas vidas. Ter um relacionamento com Jesus é dizer que Ele é o Senhor de sua vida e autorizá-lo, pelo Espírito Santo, a fazer o que quiser com ela.

É uma construção interior, diária e constante, e não algo exterior. As ações são consequências da relação com Ele.

Para mim, a minha vida é o palco do Pai.

Portanto, esse é um trabalho de bastidores — não de palco. Minha própria jornada é feita de momentos em que dou espaço para falar ao público, como o líder de louvor e até mesmo o pastoreio, ou, ainda, os momentos de ensino nos grupos pequenos. Eventualmente, para muita gente, o momento de palco é muito pequeno e sem reconhecimento.

Jesus não foi reconhecido e morreu em uma cruz. Ele era notado, por isso trabalhou com muitas multidões, mas Ele sabia que aquilo era um hábito de amor e misericórdia, para ajudar as pessoas, e que o que daria efetividade longa ao seu ministério eram os seus filhos.

Muitas vezes, portas não se abriram para falar a um número maior de pessoas, mas hoje eu consigo superar, porque o que me ajuda é o fato de, intuitivamente, sentir a necessidade de me aproximar de grupos pequenos. Se você algum dia me chamar para uma pregação e der duas opções: ir para uma reunião de trinta, quarenta, cinquenta pessoas ou sair com um irmão da igreja para compartilhar ensinamentos, eu não tenho dúvidas de que escolheria a última opção.

Mas nem sempre foi assim. Inicialmente, eu me imaginava liderando um ministério muito grande. Sonhava em ser um avivalista, iniciar movimentos e pregar para muita gente. Com o passar do tempo, mudei.

Hoje, prefiro investir em poucas pessoas, consistentemente, de forma que elas evoluam e levem o que aprenderem adiante. Deus colocou no meu coração que essa é a forma do ministério d'Ele continuar, comigo ou em minha ausência.

É isso o que faço hoje. Quando saí da igreja-mãe, por exemplo, nada do que eu fazia deixou de ser feito. Houve continuidade. E, muito provavelmente, a mesma coisa vai acontecer na igreja-filha. Vejo que a coisa se expandiu sem que eu sentisse. Quando vi, as células estavam espalhadas em outras cidades de nossa região. O movimento cresceu.

Jesus disse que o Reino de Deus é feito da menor das sementes que, quando cresce, se torna a maior das hortaliças. Por isso, eu chamo esse movimento do princípio da semente.

Quando você divide Cristo e seu amor de forma orgânica, o Seu Reino é trabalhado e vivido em sua forma mais pura.

É claro que os grandes grupos têm a sua importância e são necessários. Todos precisamos da força de nos sentirmos parte do grupo. Mas sem a união cotidiana e simples, o princípio do evangelho se perde.

Sempre procuro começar o dia com uma oração e com a leitura da Bíblia. Tenho facilidade de me reabastecer de forma isolada e, dessa forma, cotidianamente preciso dEle. Sou um cristão em todos os momentos de minha vida. Isso quer dizer que, não importa o que esteja fazendo, Cristo está comigo. Tudo o que faço tem que ser com Ele e para Ele. Mesmo quando estou no trânsito, irritado com o tráfego parado.

∴

Não é todo mundo que tem conhecimento das entrâncias do Ministério Público. Em nosso estado, a primeira é a do interior, de cidades pequenas e às vezes até afastadas. Diferente da segunda, que engloba cidades intermediárias e grandes. Somente na terceira entrância é possível estar em uma capital. Eu galguei as três, com paciência e no determinado tempo (o último estágio seria o de procurador, mas, pela minha idade e pela quantidade de colegas mais antigos, não conseguiria chegar lá).

Os últimos anos de minha carreira foram mais tranquilos do que o normal, pois segui trabalhando internamente, onde até me identifiquei mais, já que a posição exigia muita pesquisa e eu adorava fazê-la.

Durante a pandemia, trabalhei em casa. Foi assim, então, o meu último dia de trabalho antes de tirar a licença-prêmio, à qual tinha direito. Por isso, não tive uma grande sensação de despedida do que fazia. Nos primeiros meses de 2022, aposentei-me.

Costumo dizer que Alessandra e eu estamos no Outono da Vida, aquela fase em que o casal está mais velho, aposentado, e seus filhos começam a sair de casa. Paulinho já é casado, e Isabela também tem seguido o seu próprio caminho. É desafiador ver, de camarote, que uma fase está se encerrando para um novo ciclo se iniciar. Apesar de ser o movimento mais fluido e natural da vida.

Apelidei carinhosamente de Outono (há livros sobre o assunto), pois é nessa estação que as folhas caem das árvores, deixando-as vazias para serem preenchidas por folhas novas, logo depois. É um crescimento e, como qualquer um, tem suas felicidades e dores.

Imagino que, a partir de agora, teremos anos tão abençoados quanto os que vivemos na construção de nossa vida até então. Muitos acham que é um tempo ocioso. Mas eu, não. Tanto eu como minha esposa temos procurado preencher nosso tempo com novidades. Aliás, finalmente comecei a fazer o que gostaria de ter feito quando tinha vinte anos.

Larguei a faculdade para me envolver com pessoas. Mas ainda não era o tempo de Deus para viver esse momento. Muito possivelmente, precisava ter a bagagem que carrego agora. Precisava ser treinado, trabalhado e aperfeiçoado para ensinar.

Sei que ainda tenho muito a melhorar, como todo mundo que pisa na Terra. Mas hoje entendo que tudo por que passei e todos os processos que vivi foram necessários, assim como Moisés, que viveu quarenta anos no palácio e mais quarenta cuidando das ovelhas do sogro, sem saber que era uma preparação para seu ministério.

O trabalhar de Deus é nítido e claro em mim. Tudo por que passei me permitiu ser mais amoroso, em amplos e diversos aspectos. Não estou pronto, tenho muitas falhas e dificuldades, mas, partindo do que Deus já trabalhou em mim, quero ajudar quem precisar.

Ainda estou escrevendo a minha história, com a ajuda d'Ele, e não sei até qual capítulo ela irá. Mas, se houver uma pessoa que mude sua vida graças a um trecho dela, eu já sei que tudo valeu a pena.

Obrigado, Senhor, por me ensinar a viver uma espiritualidade sem palco e sem púlpito, uma espiritualidade inspirada em Ti para viver a beleza dos dias (in)comuns!

FONTE Adobe Garamond Pro
PAPEL Polen Natural 80 g/m²
IMPRESSÃO Paym